Duch, Duša a Telo I

Príbeh tajomného hľadania vlastného „ja"

Duch, Duša a Telo I

Dr. Jaerock Lee

Duch, Duša a Telo I by Dr. Jaerock Lee
Vydavateľstvo Urim Books (Predstaviteľ: Kyungtae Noh)
73, Yeouidaebang-ro 22-gil, Dong, Dongjak Gu, Soul, Kórea
www.urimbooks.com

Pri preklade biblických citátov z angličtiny do slovenčiny bol použitý zdroj: Svätá Biblia, Jozef Roháček, 2007. Použité s dovolením.

Pôvodne vydané v kórejskom jazyku v roku 2009 vydavateľstvom Urim Books

Prvé vydanie Máji 2015

Editoval Dr. Geumsun Vin
Navrhol Editorial Bureau of Urim Books
Pre viac informácií kontaktujte urimbooks@hotmail.com

Predslov

Ľudia chcú byť zvyčajne úspešní a žiť šťastný a pohodlný život. Ale aj keď majú peniaze, moc a slávu, smrti nemôžu uniknúť. Shir Huang-di, prvý cisár starovekej Číny, hľadal elixír života, ale ani on neunikol smrti. Prostredníctvom Biblie nás Boh učí spôsob, ako získať večný život. Tento život môžeme dosiahnuť skrze Ježiša Krista.

Odkedy som prijal Ježiša Krista a začal čítať Bibliu, začal som sa modliť, aby som do hĺbky pochopil Božie srdce. Boh mi odpovedal po siedmich rokoch nespočetných modlitieb a obdobiach pôstu. Po otvorení kostola mi Boh inšpiráciou Duchom Svätým vysvetlil mnoho náročných pasáží v Biblii, z ktorých jednou je podrobný obsah týkajúci sa „ducha, duše a tela". Toto je tajomný príbeh, ktorý nám umožňuje pochopiť pôvod ľudí a seba samých. Je to niečo, čo som nikde inde nepočul a moja radosť sa nedá opísať.

Keď som hlásal tieto posolstvá o duchu, duši a tele, vyvolalo to mnoho svedectiev a reakcií v Kórei a v zahraničí. Mnohí hovoria, že vďaka nim spoznali samých seba, pochopili akým druhom bytosti sú, dostali odpovede na mnoho náročných pasáží v Biblii, a taktiež porozumeli spôsobu, ako získať pravý život. Niektorí z týchto ľudí tvrdia, že teraz je ich cieľom stať sa duchovným človekom a podieľať sa na božskej prirodzenosti Boha a snažia sa to dosiahnuť, ako je zaznamenané v 2 Pt 1, 4: *„Tým nám daroval vzácne a veľmi veľké prisľúbenia, aby ste sa skrze ne stali účastnými na božskej prirodzenosti a unikli porušeniu, ktoré je vo svete pre žiadostivosť."*

Autor knihy *Umenie Vojny* Sun Tzu hovorí, že ak poznáte samých seba a svojho nepriateľa, nikdy žiadny boj neprehráte. Posolstvá o *„Duchu, Duši a Tele"* osvetľujú hlbokú časť nášho „ja" a učia nás o pôvode ľudí. Akonáhle sa naučíme toto posolstvo a dôkladne ho pochopíme, budeme tiež schopní porozumieť akejkoľvek osobe. Tiež sa naučíme spôsoby na porazenie síl temnoty, ktoré na nás neustále útočia, aby sme mohli viesť víťazné kresťanské životy.

Ďakujem Geumsunovi Vinovi, riaditeľovi redakcie a

pracovníkom, ktorí pracovali na vydaniu tejto knihy. Dúfam, že vaša duša bude prosperovať, a preto sa vám bude vo všetkom dariť a budete zdraví, a aj naďalej sa budete zúčastňovať na božskej prirodzenosti Boha.

Jún 2009,

Jaerock Lee

Začiatok cesty o duchu, duši a tele

„Sám Boh pokoja nech vás celých posvätí,
aby sa zachoval váš duch neporušený a duša i telo bez úhony,
keď príde náš Pán Ježiš Kristus."
(1 Sol 5, 23)

Teológovia už odpradávna vedú diskusie o zložení ľudských bytostí. Niektorí z nich sa prikláňajú k dichotomickej teórii a iní zase k trichotomickej teórii. Dichotomická teória hovorí, že ľudia sú zložení z dvoch častí: z ducha a tela, zatiaľ čo trichotomická teória hovorí, že sú zložení z troch častí: z ducha, duše a tela. Táto kniha je založená na trichotomickej teórii.

Obvykle je možné poznanie rozdeliť na poznanie o Bohu a poznanie o ľuďoch. Je pre nás veľmi dôležité získať poznanie o Bohu životom na tejto zemi. Môžeme viesť úspešný život a získať večný život, ak pochopíme Božie srdce a nasledujeme Jeho vôľu.

Ľudia boli stvorení na Boží obraz a bez Boha nemôžu žiť. Bez Boha človek nemôže jasne pochopiť ani vlastný pôvod. Odpoveď na otázku o pôvode ľudí môžeme získať iba vtedy, keď pochopíme, kto je Boh.

Duch, duša a telo patria do oblasti, ktorú nemôžeme pochopiť ľudským poznaním, múdrosťou a silou. Je to oblasť, ktorú môžeme pochopiť len skrze Boha, ktorý pozná pôvod ľudstva. Je to rovnaké tvrdenie ako to, že človek, ktorý vyrobil počítač, má odborné znalosti o štruktúre a princípe počítačov, a tak je výrobcom, ktorý môže vyriešiť akýkoľvek problém súvisiaci s fungovaním počítača. Táto kniha je plná duchovného poznania o štvrtej dimenzii, ktorá nám dáva jasné odpovede na otázky o duchu, duši a tele.

Najdôležitejšie veci, ktoré sa čitatelia môžu z tejto knihy naučiť, pokrývajú nasledujúce:

1. Prostredníctvom duchovného poznania ducha, duše a tela, ktoré tvoria ľudí, môžu čitatelia nahliadnuť do ich vlastného „ja" a získať predstavu o samotnom živote.

2. Môžu dôjsť k úplnému sebapochopeniu, tzn. k tomu, kto skutočne sú, a akým druhom „ja" boli stvorení. Táto kniha ponúka čitateľom spôsob, aby pochopili samých seba, ako povedal apoštol Pavol v 1 Kor 15, 31: *„Každý deň zomieram,"* dosiahli svätosť a stali sa duchovnými ľuďmi, po ktorých túži Boh.

3. Môžeme sa vyhnúť pasci nepriateľského diabla a satana a získať silu poraziť temnotu iba vtedy, keď pochopíme samých seba. Ako povedal Ježiš: *„Nuž ak nazval bohmi tých, ktorým bolo dané Božie slovo – a Písmo nemožno zrušiť!"* (Jn 10, 35), táto kniha ponúka čitateľom skratku k účasti na božskej prirodzenosti Boha a k získaniu všetkých požehnaní, ktoré Boh prisľúbil.

Duch, Duša a Telo I
Obsah

Predslov

Začiatok cesty o duchu, duši a tele

Časť 1 Vznik tela

Časť 2 Vznik duše
(Funkcia duše vo fyzickom priestore)

Časť 3 Obnova ducha

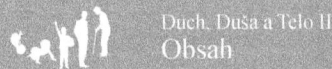

Duch, Duša a Telo II
Obsah

Časť 1 Nekonečný priestor duchovnej ríše

Kapitola 1 Temnota a Svetlo
Kapitola 2 Kvalifikácie na vstup do priestoru Svetla

Časť 2 Duch, duša a telo v duchovnom priestore

Kapitola 1 Rôzne nebeské príbytky
Kapitola 2 Duch, duša a telo v duchovnom priestore

Časť 3 Prekonanie obmedzení ľudského bytia

Kapitola 1 Boží priestor
Kapitola 2 Boží obraz

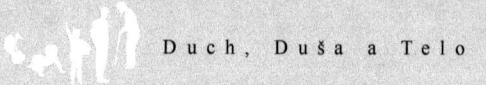

Duch, Duša a Telo I

Časť 1

Vznik tela

Aký je pôvod človeka?
Odkiaľ sme prišli a kam ideme?

„Veď ty si stvoril moje útroby,
utkal si ma v živote mojej matky.
Chválim ťa, že si ma utvoril tak zázračne;
všetky tvoje diela sú hodné obdivu
a ja to veľmi dobre viem.
Moje údy neboli utajené pred tebou,
keď som vznikal v skrytosti,
utkávaný v hlbinách zeme.
Tvoje oči ma videli, keď som ešte nebol stvárnený,
a v tvojej knihe boli zapísané všetky moje dni,
len pomyselné,
lebo som ešte ani jeden neprežil."
- Ž 139, 13-16

Kapitola 1

Koncept tela

Telo človeka, ktoré sa postupom času obráti späť na hŕstku prachu; všetko, čo ľudia jedia; všetko, čo ľudia vidia, počujú a z čoho sa tešia; a všetko, čo vyrobia – to všetko sú príklady „tela".

- Čo je telo?

- Ľudia sú nehodní a nemajú žiadnu hodnotu, ak zotrvávajú v tele

- Rôzne veci vo vesmíre majú rôzne dimenzie

- Vyššie dimenzie si podmaňujú a riadia nižšie dimenzie

Počas celej ľudskej histórie ľudia hľadali odpoveď na otázku „Kto je človek?" Odpoveď na túto otázku nám dá odpovede na ďalšie otázky, ako sú: „Prečo žijeme?" a „Ako máme žiť?" Štúdie, výskumy a úvahy o existencii človeka boli podrobne vykonané v oblasti filozofie a náboženstva, ale nie je jednoduché nájsť jasné a stručné odpovede.

Avšak, ľudia sa opakovane a neustále snažia nájsť odpovede na hlbšie otázky, ako sú: „Akým druhom bytia je človek?" a „Kto som?" Takéto otázky sú kladené, pretože odpoveď na tieto otázky sa celkom iste môže stať kľúčom k vyriešeniu základných problémov ľudskej existencie. Štúdie tohto sveta nedokážu tieto otázky jasne zodpovedať, ale Boh áno. On stvoril vesmír a všetko, čo je v ňom a On stvoril človeka. Božia odpoveď je správna odpoveď. Kľúč k týmto otázkam nájdeme v Biblii, ktorá je Božím slovom.

Teoretici často rozdeľujú časti človeka do dvoch kategórií: „duch" a „telo". Časť zodpovedná za duševné aspekty sa nazýva „duch" a časť zložená z viditeľných, fyzických aspektov, sa nazýva „telo". Ale Biblia rozdeľuje zloženie človeka do troch častí: duch, duša a telo.

3

1 Sol 5, 23 hovorí: *„Sám Boh pokoja nech vás celých posväti, aby sa zachoval váš duch neporušený a duša i telo bez úhony, keď príde náš Pán Ježiš Kristus.* " Duch a duša nie je to isté. Nie sú to len rozdielne pomenovania, ale líšia sa vo svojej podstate. Aby sme pochopili, kto je „človek", musíme pochopiť, čo je telo, duša a duch.

Čo je telo?

Poďme sa najprv pozrieť na definíciu „tela" uvedenú v slovníku. Slovník *The Merriam-Webster Dictionary* definuje telo ako „mäkké časti tela zvieraťa, a to najmä stavovcov, *najmä:* časti zložené predovšetkým z kostrového svalu na rozdiel od vnútorných orgánov, kostí a pokožky". Tiež sa to môže vzťahovať na jedlé časti zvieraťa. Ale na pochopenie biblického významu „tela", musíme pochopiť duchovný význam, nie definíciu v slovníku.

Biblia často používa slovo „telo". Vo väčšine prípadoch má duchovný význam. V duchovnom slova zmysle je telo všeobecný termín pre veci, ktoré sa pominú, menia sa, a nakoniec postupom času zmiznú. Tiež to predstavuje všetko špinavé a nečisté. Stromy, ktoré majú zelené listy, raz uschnú a odumrú, a ich konáre a kmene môžeme použiť ako palivové drevo. Stromy, rastliny a všetky veci v prírode hynú, rozkladajú sa a v priebehu času zanikajú. Preto všetko toto patrí k telu.

Ako je to s ľuďmi, pánmi všetkého tvorstva? Na svete dnes máme asi sedem miliárd ľudí. Aj v tejto chvíli sa niekde na Zemi rodia deti a na inom mieste ľudia umierajú. Keď ľudia zomrú, ich telá sa znovu obrátia na hrsť prachu, a teda sú tiež telo. Dokonca aj jedlo, ktoré jeme, jazyky, ktorými rozprávame, abecedy, ktoré zaznamenávajú myšlienky, a vedecké a technologické civilizácie, ktoré ľudia potrebujú, sú tiež telo. V priebehu času zanikajú, menia sa a vymrú. Preto všetko, čo na tejto zemi vidíme a všetko, čo vo vesmíre poznáme, je „telo".

Ľudia, ktorí od Boha odišli, sú telesné bytosti a všetko, čo vyrobia, je tiež „telo". Čo vytvárajú a hľadajú telesní ľudia? Hľadajú iba to, čo nasýti žiadostivosti ich tela a očí a vystatovanie sa bohatstvom. Dokonca aj vývojové trendy, ktoré človek vytvoril, sú na uspokojenie piatich zmyslov ľudí. Ich úlohou je vyhľadávať potešenie a naplniť vlastné telesné túžby a priania. Postupom času ľudia stále viac a viac vyhľadávajú senzuálnejšie a provokatívnejšie veci. Čím viac sa civilizácia vyvíja, tým žiadostivejšími a skazenejšími sa ľudia stávajú.

Okrem viditeľného „tela" je tu tiež neviditeľné „telo". Biblia hovorí, že nenávisť, hádky, závisť, vražda, cudzoložstvo a každá prirodzenosť, ktoré sú spojené s hriechom, sú telo. Rovnako ako existuje vôňa kvetín, vzduch a vietor, aj keď sú neviditeľné, aj v srdciach ľudí existujú neviditeľné hriešne prirodzenosti. Všetky tieto prirodzenosti sú tiež „telo". Preto je telo všeobecný termín pre všetky veci vo vesmíre, ktoré sa pominú a menia v čase, a všetky nepravdy, ako sú hriechy, zlo, nespravodlivosť a nezákonnosť.

Rim 8, 8 hovorí: *„A tak tí, čo žijú telesne, nemôžu sa páčiť Bohu.“* Ak by „telo“ v tomto verši odkazovalo iba na fyzické telo človeka, znamenalo by to, že žiadna ľudská bytosť by sa nikdy nemohla páčiť Bohu. Preto to musí mať aj iný význam. Ježiš v Jn 3, 6 povedal: *„Čo sa narodilo z tela, je telo, a čo sa narodilo z Ducha, je duch“* a v Jn 6, 63: *„Duch oživuje, telo nič neosoží. Slová, ktoré som vám povedal, sú Duch a život.“* „Telo“ tu odkazuje na veci, ktoré sa pominú a menia, a to je dôvod, prečo Ježiš povedal, že nič mu neosoží.

Ľudia sú nehodní a nemajú žiadnu hodnotu, ak zotrvávajú v tele

Na rozdiel od zvierat ľudia hľadajú určité hodnoty na základe emócií a myšlienok. Ale tieto hodnoty nie sú večné, a preto sú všetky telo. Všetko, čo ľudia považujú za cenné, ako napríklad, bohatstvo, slávu a poznanie, je tiež bezvýznamné a rýchlo pominie. A ako je to s citom nazvaným „láska“? Keď sa dvaja ľudia majú radi, môžu hovoriť, že jeden bez druhého nedokážu žiť. Ale po svadbe mnoho z týchto párov zmení názor. Ľahko sa nahnevajú a sú frustrovaní, a dokonca sa schýlia aj k násiliu, len preto, že sa im niečo nepáči. Všetky tieto zmeny v citoch sú tiež telom. Ak ľudia zostávajú v tele, nie sú veľmi odlišní od zvierat alebo rastlín. V Božích očiach je všetko len telo, ktoré zomrie a pomine.

1 Pt 1, 24 hovorí: *„Lebo každé telo je ako tráva a všetka jeho sláva ako kvet trávy. Tráva uschne, kvet odpadne,“* a Jak 4,

14 hovorí: *„vy predsa neviete, čo bude zajtra s vaším životom!* *Veď ste ako para, ktorá sa na chvíľku ukáže a potom zmizne."* Telo a všetky ľudské myšlienky sú bezvýznamné, pretože sa vzdialili od Slova Boha, ktorý je duchom. Kráľ Šalamún sa tešil všetkej cti a sláve, aké človek môže na tejto zemi zažiť, ale uvedomil si bezvýznamnosť tela a povedal: *„Márnosť, len márnosť, všetko je iba márnosť. Aký osoh má človek zo všetkej svojej námahy, ktorou sa ustáva, (kým je) pod slnkom?"* (Kaz 1, 2-3)

Rôzne veci vo vesmíre majú rôzne dimenzie

Dimenzia vo fyzike alebo v matematike je určená jednou z troch súradníc, ktoré určujú pozíciu v priestore. Bod na čiare má jednu súradnicu, a teda je jednorozmerný. Bod v rovine má dve súradnice, a teda je dvojrozmerný. Rovnakým spôsobom má bod v priestore tri súradnice, a teda je trojrozmerný.

Priestor, v ktorom žijeme, je z fyzikálneho hľadiska trojrozmerným svetom. V zložitejšej fyzike je čas považovaný za štvrtý rozmer. Takto chápe dimenzie veda.

Ale z hľadiska ducha, duše a tela možno dimenziu všeobecne rozdeliť na fyzickú dimenziu a duchovnú dimenziu. Fyzická dimenzia je ďalej rozdelená do kategórií od „nerozmernej" až po „trojrozmernú". Termín nerozmerná sa týka veci, ktoré nemajú život. Do tejto kategórie patria horniny, pôda, voda a kovy. Všetky živé veci patria do jedno-, dvoj- alebo trojrozmernej kategórie.

Prvá dimenzia zahŕňa veci, ktoré majú život a dýchajú, ale nepohybujú sa, tzn. nemajú funkčnú mobilitu. Táto dimenzia zahŕňa kvety, trávu, stromy a iné rastliny. Majú telo, ale nemajú dušu a ducha.

Druhá dimenzia zahŕňa žijúce veci, ktoré dýchajú, pohybujú sa a majú aj telo, aj dušu. Sú to zvieratá, ako sú levy, kravy, ovce, vtáky, ryby a hmyz. Psy dokážu spoznať svojho pána alebo brechať na cudzincov, pretože majú dušu.

Tretia dimenzia zahŕňa veci, ktoré dýchajú, pohybujú sa a vo viditeľných telách majú dušu a ducha. To sa týka ľudských bytostí, ktoré sú pánmi všetkého tvorstva. Ľudia majú na rozdiel od zvierat ducha. Sú schopní premýšľať a hľadať Boha, a dokážu v Boha veriť.

Je tu tiež aj štvrtá dimenzia, ktorá je našim očiam neviditeľná. Je to duchovná dimenzia. Do duchovnej dimenzie patria Boh, ktorý je duch, nebeský zástup, anjeli a cherubíni.

Vyššie dimenzie si podmaňujú a riadia nižšie dimenzie

Bytosti druhej dimenzie si môžu podmaniť a riadiť bytosti prvej alebo nižšej dimenzie. Bytosti tretej dimenzie si môžu podmaniť a riadiť bytosti druhej alebo nižšej dimenzie. Bytosti nižšej dimenzie nie sú schopné pochopiť dimenzie, ktoré sú vyššie ako ich vlastná dimenzia. Formy života prvej dimenzie nedokážu pochopiť druhú dimenziu, a formy života druhej dimenzie nedokážu pochopiť tretiu dimenziu. Predpokladajme, napríklad, že niekto zaseje nejaký druh semena do pôdy, polieva ho a stará sa o oň. Keď semeno vyklíči, vyrastie z neho strom a prináša ovocie. To semeno nechápe, čo človek urobil. Aj keď sú dážďovky ľuďmi zašliapnuté a umrú, nepoznajú dôvod ich smrti. Bytosti vyšších dimenzií si môžu podmaniť a riadiť bytosti nižších dimenzií, ale vo všeobecnosti sa dá povedať, že nižšie dimenzie nemajú žiadnu inú možnosť, než byť ovládané vyššími dimenziami.

Podobne, ľudia, ktorí sú bytosťami tretej dimenzie, nechápu duchovnú ríšu, ktorá je v štvorrozmernom svete. A preto telesní ľudia nemôžu robiť nič proti podmaneniu a riadeniu démonmi. Ale ak sa zbavíme tela a staneme sa duchovnými ľuďmi, môžeme vstúpiť do štvorrozmerného sveta. A tak zlých duchov môžeme potlačiť a poraziť.

Boh, ktorý je duch, chce, aby Jeho deti pochopili štvorrozmerný svet. Týmto spôsobom môžu pochopiť Božiu vôľu, poslúchať Ho a získať život. V prvej kapitole Genezis si Adam predtým, ako jedol zo stromu poznania dobra a zla, všetko podmanil a nad všetkým vládol. Adam bol žijúci duch a patril do štvrtej dimenzie. Ale keď zhrešil, jeho duch zomrel. Nielen samotný Adam, ale aj všetci jeho potomkovia teraz patria do tretej dimenzie. Pozrime sa na to, ako ľudia, ktorí boli stvorení Bohom, padli do tretej dimenzie, a ako sa do štvorrozmerného sveta môžu opäť vrátiť!

Kapitola 2

Stvorenie

Boh Stvoriteľ vymyslel úžasný plán pre kultiváciu ľudstva. On rozdelil Boží priestor na fyzický a duchovný priestor a stvoril nebesia a zem a všetko, čo ich napĺňa.

1. Tajomné oddelenie priestorov

2. Fyzický priestor a duchovný priestor

3. Ľudia s duchom, dušou a telom

Boh pred vekmi existoval vo vesmíre sám. V nekonečnom priestore celého vesmíru existoval ako Svetlo a vládol nad všetkým. V 1 Jn 1, 5 je zaznamenané, že Boh je Svetlo. V prvom rade to odkazuje na duchovné svetlo, ale tiež to odvoláva na Boha, ktorý na počiatku existoval ako Svetlo. Boha nikto neporodil. On je dokonalá bytosť existujúca sama od seba. Preto by sme sa nemali snažiť Ho pochopiť našou obmedzenou mocou a poznaním. Jn 1, 1 obsahuje tajomstvo „počiatku". Hovorí: *„Na počiatku bolo Slovo."* Toto je vysvetlenie Božej podoby, ktorý mal Slovo v tajomnom a najkrajšom svetle a vládol nad všetkými priestormi vo vesmíre.

„Počiatok" tu odkazuje na nejaký bod pred večnosťou, bod, ktorý si ľudia nie sú schopní predstaviť. To je ešte pred „počiatkom" opísanom v Gn 1, 1, ktorý je začiatkom stvorenia. Čo všetko sa stalo pred stvorením sveta?

1. Tajomné oddelenie priestorov

Duchovná ríša nie je príliš ďaleko. K dispozícii sú brány v rôznych častiach viditeľného neba, ktoré sú s duchovnou ríšou spojené.

Po veľmi dlhom čase Boh chcel mať niekoho, s kým by sa mohol deliť o lásku a o všetko ostatné. Boh má božstvo aj ľudskosť, a to je dôvod, prečo sa chcel o všetko, čo má, s niekým podeliť. S týmto na pamäti vymyslel plán kultivácie ľudstva. Je to plán stvorenia ľudí, požehnania ich množenia, získania nespočetného množstva duší, ktoré sa budú Bohu podobať a ich zhromaždenie v nebeskom kráľovstve. Je to rovnaké, ako keď poľnohospodári pestujú plodiny a úrodu zhromažďujú a ukladajú v sýpkach.

Boh vedel, že bol potrebný duchovný priestor, kde by mohol prebývať On a fyzický priestor, kde by prebiehala kultivácia ľudstva. Preto rozdelil obrovský vesmír na duchovnú ríšu a fyzickú ríšu. Od tohto okamihu začal Boh existovať ako Najsvätejšia Trojica – Boh Otec, Boh Syn a Boh Duch Svätý. Bolo to preto, lebo pre kultiváciu ľudstva, ktorá sa mala uskutočniť v budúcnosti, bol potrebný Spasiteľ Ježiš a pomocník Duch Svätý.

Zjv 22, 13 hovorí: *„Ja som Alfa a Omega, Prvý a Posledný, Počiatok a Koniec."* Je to záznam o Najsvätejšej Trojici. „Alfa a Omega" odkazuje na Boha Otca, ktorý je začiatkom a koncom všetkého poznania a civilizácie ľudských bytostí. „Prvý a Posledný" odkazuje na Boha Syna, Ježiša, ktorý je prvou a poslednou ľudskou spásou. „Začiatok a koniec" sa vzťahuje na Ducha Svätého, ktorý je začiatkom a koncom kultivácie ľudstva.

Syn Ježiš plní povinnosť Spasiteľa. Duch Svätý svedčí o Spasiteľovi ako Pomocník a On ukončí ľudskú spásu. Biblia znázorňuje Ducha Svätého rôznymi spôsobmi, a to prirovnávaním k holubici alebo k ohňu, a tiež je nazývaný „Duchom Božieho Syna". Gal 4, 6 hovorí: „*Pretože ste synmi, poslal Boh do našich sŕdc Ducha svojho Syna a on volá: ,Abba, Otče!'*" A Jn 15, 26 hovorí: „*Keď príde Tešiteľ, ktorého vám ja pošlem od Otca, Duch pravdy, ktorý vychádza od Otca, on o mne vydá svedectvo.*"

Boh Otec, Syn a Duch Svätý vzali na seba špecifickú podobu, aby tak splnili prozreteľnosť kultivácie ľudstva a celý plán spolu prediskutovali. Je to opísané v záznamoch o stvorení sveta v prvej kapitole Genezis.

Keď Gn 1, 26 hovorí: „*I povedal Boh: Urobme človeka na náš obraz a podľa našej podoby,*" to neznamená, že ľudia sú stvorení len s vonkajšou podobou Boha Otca, Syna a Ducha Svätého. Znamená to, že duch, ktorý je základom ľudí, je daný od Boha a tento duch sa podobá na svätého Boha.

Fyzická ríša a duchovná ríša

Keď Boh existoval sám, nemusel oddeľovať fyzickú ríšu od

duchovnej. Ale pre kultiváciu ľudstva bola potrebná fyzická ríša, pretože tam mali žiť ľudské bytosti. Z tohto dôvodu oddelil fyzickú ríšu od duchovnej ríše.

Ale oddelenie fyzickej a duchovnej ríše neznamená, že priestor bol rozdelený do dvoch úplne samostatných oblastí, ako keby sme niečo rozdelili na polovicu. Predpokladajme, napríklad, že v miestnosti máme dva druhy plynov. Pridáme určitú chemikáliu a jeden z plynov sa sfarbí do červena, čím sa stane odlíšiteľným od druhého plynu. Hoci sú v miestnosti dva plyny, naše oči vidia iba červený plyn. Ale aj keď druhý plyn nevidíme, určite sa tam nachádza.

Podobne, Boh rozdelil obrovský duchovný priestor na viditeľnú fyzickú ríšu a neviditeľnú duchovnú ríšu. Samozrejme, že fyzická ríša a duchovná ríša neexistujú tak, ako vyššie uvedený príklad dvoch plynov. Sú síce oddelené, ale vzájomne sa prekrývajú. A tak, ako sa navzájom prekrývajú, sú tiež oddelené.

Ako dôkaz, že fyzická a duchovná ríša existujú oddelene a tajomným spôsobom, Boh umiestnil brány na vstup do duchovnej ríše na rôznych miestach vo vesmíre. Duchovná ríša nie je niekde ďaleko. Brány do duchovnej ríše sú aj na mnohých miestach na viditeľnom nebi. Ak by Boh otvoril naše duchovné oči, v niektorých prípadoch by sme prostredníctvom týchto brán boli schopní vidieť duchovnú ríšu.

Keď bol Štefan plný Ducha a uvidel Ježiša, ako stojí po pravici Boha, bolo to preto, lebo aj jeho duchovné oči, aj brána do duchovnej ríše boli otvorené (Sk 7, 55-56). Eliáš bol zaživa vzatý do neba. Vzkriesený Pán Ježiš vystúpil do neba. Mojžiš a Eliáš sa objavili na hore Premenenia. Môžeme pochopiť, že tieto udalosti sú skutočnými udalosťami, ak si uvedomíme, že existujú brány do duchovnej ríše.

Vesmír je nekonečne veľký a jeho rozmery sú pravdepodobne nekonečné. Časť, ktorá je zo Zeme viditeľná (pozorovateľný vesmír) je sféra s polomerom asi 46 miliárd svetelných rokov[1]. Ak sa duchovná ríša nachádza za týmto fyzickým vesmírom, dokonca aj v najrýchlejšej kozmickej lodi bude trvať prakticky nekonečne dlho, kým sa do duchovnej ríše dostaneme. Dokážete si predstaviť vzdialenosť, ktorú by anjeli museli precestovať pri pohybe medzi duchovným a fyzickým svetom? Ale s existenciou týchto brán do duchovnej ríše, ktoré sa dajú otvoriť a zatvoriť, je možné cestovať medzi duchovnou ríšou a fyzickou ríšou rovnako ľahko, ako prechádzať dverami.

Boh stvoril štyri nebesá

Keď Boh rozdelil vesmír na duchovnú ríšu a fyzickú ríšu, podľa potreby ich ďalej rozdelil do viacerých nebies. Biblia uvádza, že nie je len jedno nebo, ale mnoho nebies. To nám v skutočnosti hovorí to, že existuje mnoho ďalších nebies, okrem

---

[1] Lineweaver, Charles; Tamara M. Davis (2005). „Misconceptions about the Big Bang". Scientific American. Retrieved 2007-03-05.

toho, ktoré vidíme fyzickými očami.

Dt 10, 14 hovorí: *„Hľa, Pánovo je nebo a nebesia nebies, zem a všetko, čo je na nej!"* a Ž 68, 34 hovorí: *„čo sa nesie na odvekých nebesiach k východu; hľa, dvíha svoj hlas, svoj mocný hlas"* a kráľ Šalamún povedal v 1 Kr 8, 27: *„Či naozaj bude Boh bývať na zemi? Veď nebesá a nebesá nebies ťa nemôžu obsiahnuť, o koľko menej potom tento dom, ktorý som postavil!"*

Boh použil slovo „nebo" na vyjadrenie duchovnej ríše, aby sme tak ľahšie pochopili priestory patriace do duchovnej ríše. „Nebesia" boli rozdelené do štyroch nebies. Celý fyzický priestor, vrátane našej Zeme, našej slnečnej sústavy, našej galaxie a celý vesmír, sú prvým nebom.

Všetko od druhého neba sú duchovné priestory. Raj Edenu a priestor pre zlých duchov sa nachádzajú v druhom nebi. Keď Boh stvoril človeka, tiež stvoril raj Edenu, čo je oblasť svetla v druhom nebi. Boh priviedol človeka do raja a dovolil mu, aby si všetko podmanil a nad všetkým vládol (Gn 2, 15).

Boží trón sa nachádza v treťom nebi. Je to nebeské kráľovstvo, kde budú prebývať Božie deti, ktoré získali spásu skrze kultiváciu ľudstva.

Štvrté nebo je pôvodné nebo, kde Boh kedysi existoval sám ako Svetlo, predtým, než rozdelil priestor. Je to tajomný priestor, kde sa všetko plní presne podľa akýchkoľvek myšlienok Boha. Je to tiež priestor, ktorý sa nachádza mimo akýchkoľvek priestorových a časových hraníc.

2. Fyzický priestor a duchovný priestor

Prečo sa toľko biblických mudrcov pokúšalo nájsť raj Edenu, ale nepodarilo sa im to? Dôvodom je to, že raj Edenu sa nachádza v druhom nebi, čo je duchovná ríša.

Priestor, ktorý Boh rozdelil, možno rozdeliť na fyzický priestor a duchovný priestor. Pre Jeho deti, ktoré získa kultiváciou ľudstva, Boh stvoril nebeské kráľovstvo v treťom nebi a v prvom nebi stvoril Zem, ktorá mala byť miestom pre kultiváciu ľudstva.

Genesis v prvej kapitole stručne zaznamenáva proces šesťdňového Božieho stvorenia sveta. Boh nestvoril úplnú a dokonalú Zem hneď na začiatku. Najprv položil základy pevniny pohybmi zemskej kôry, a potom stvoril oblohu pomocou mnohých meteorologických javov. Boh dlhú dobu vynakladal veľa úsilia, niekedy dokonca aj osobnou prítomnosťou na Zemi, aby videl vývoj vecí, pretože Zem bola miestom, kde chcel získal Jeho milované, pravé deti.

Ľudské plody rastú v bezpečí plodovej vody v maternici. A rovnako, keď bola stvorená Zem a bol položený základ, celá Zem bola pokrytá obrovským množstvom vody. Táto voda bola vodou života pochádzajúcou z tretieho neba. Zem bola konečne pripravená pre život všetkého živého, pretože ju pokrývala voda života. Boh potom začal tvoriť svet.

Fyzický priestor, miesto pre kultiváciu ľudstva

Keď Boh v prvý deň stvorenia povedal: „Buď svetlo", z Božieho trónu vyšlo duchovné svetlo a rozlialo sa po celej Zemi. S týmto svetlom nekonečná Božia moc a božská prirodzenosť všetko naplnila a všetky veci boli riadené zákonmi prírody (Rim 1, 20). Boh oddelil svetlo od tmy a nazval svetlo „dňom" a tmu nazval „nocou". Boh vytvoril zákon dňa a noci a plynutia času ešte predtým, ako stvoril slnko a mesiac.

Na druhý deň Boh stvoril oblohu a oddelil vody, ktoré pokrývali Zem, na vody pod oblohou a vody nad oblohou. Boh nazval toto delidlo nebom, čo je obloha našim očiam viditeľná. Takto bolo stvorené základné životné prostredie, v ktorom mohlo existovať všetko živé. Vzduch bol stvorený, aby mohlo všetko živé dýchať; boli stvorené oblaky a obloha, aby mohli prebiehať meteorologické javy.

Vody pod oblohou boli vody, ktoré boli na povrchu Zeme. Boli zdrojom vody, ktorá mala vytvoriť oceány, moria, jazerá a rieky (Gn 1, 9-10).

Vody nad oblohou boli vyhradené pre Eden v druhom nebi. Na tretí deň Boh zhromaždil vody pod oblohou na jednom mieste a oddelil more od súše. Tiež stvoril trávu a rastliny.

Štvrtý deň Boh stvoril slnko, mesiac a hviezdy a nechal ich vládnuť nad dňom a nocou. Piaty deň stvoril ryby a vtáky. A nakoniec, šiesteho dňa Boh stvoril všetky zvieratá a ľudí.

Neviditeľný duchovný priestor

Raj Edenu je v duchovnej ríši druhého neba, ktorá je iná ako duchovná ríša v treťom nebi. Nie je úplnou duchovnou ríšou, pretože môže koexistovať s fyzickým priestorom. Jednoducho povedané, je to medzistupeň medzi telom a duchom. Keď Boh stvoril človeka ako živého ducha, vysadil smerom na východ v Edene záhradu a priviedol do nej ľudí (Gn 2, 8). „Východ" sa tu nevzťahuje na fyzický východ. Má osobitný význam, a to „oblasť obklopená svetlami". Až dodnes si mnoho biblických učencov myslelo, že raj Edenu bol niekde okolo riek Eufrat a Tigris, a aj napriek tomu, že podnikli mnoho rozsiahlych archeologických výskumov, po raji nenašli ani stopu. Bolo to preto, lebo raj, kde kedysi žil „žijúci duch" Adam, je v druhom nebi, čo je duchovná ríša.

Raj Edenu je obrovský priestor siahajúci za hranice našej predstavivosti. Deti, ktoré Adam splodil pred spáchaním hriechu, tam žijú dodnes, naďalej plodiac viac detí. Raj Edenu nie je priestorovo obmedzený, a tak ani s odstupom času nebude nikdy preplnený.

Ale v Gn 3, 24 sa môžeme dočítať, že Boh tam umiestnil cherubov a ohnivý meč, ktorý sa obracal každým smerom na východ od raja Edenu.

Bolo to preto, lebo východ od raja je miesto hraničiace s oblasťou temnoty. Zlí duchovia sa z niekoľkých dôvodov neustále pokúšali do raja dostať. Po prvé, chceli pokúšať Adama a po druhé, chceli získať ovocie zo stromu života. Chceli získať večný život jedením ovocia a večným postavením sa proti Bohu. Adamovou povinnosťou bolo ochrániť raj Edenu pred silami temnoty. Ale pretože bol Adam satanom oklamaný a navedený, aby jedol zo stromu poznania dobra a zla, a bol vyhnaný na zem, jeho povinnosť prevzali cherubíni a ohnivý meč.

Môžeme usudzovať, že oblasť svetla, kde sa nachádza raj Edenu, a oblasť tmy zlých duchov, v druhom nebi vedľa seba koexistujú. Navyše, v oblasti svetla v druhom nebi je miesto, kde budú mať veriaci sedemročnú svadobnú hostinu s Pánom po jeho druhom príchode. Je to oveľa krajšie miesto ako raj Edenu. Všetci, ktorí boli od stvorenia sveta spasení, sa hostiny zúčastnia a môžete si predstaviť, aký obrovský je tento priestor.

V duchovnej ríši je tiež tretie a štvrté nebo a ďalšie informácie o nich budú vysvetlené v druhom dieli tejto knihy *Duch, Duša a Telo*. Dôvodom, prečo Boh oddelil fyzický a duchovný priestor a rozdelil ich do mnohých rôznych oblastí, sme my, ľudia. Bolo to vykonané v prozreteľnosti kultivácie ľudstva na získanie pravých detí. Teraz sa pozrime na to, z čoho a ako sa skladá človek.

3. Ľudia s duchom, dušou a telom

História ľudstva zaznamenaná v Biblii začala v čase, keď bol Adam kvôli jeho hriechu vyhnaný na túto zem. Táto história nezahŕňa dobu, počas ktorej Adam žil v raji Edenu.

1) Adam, živý duch

Ak chcete pochopiť prvého človeka Adama, musíte pochopiť podstatu človeka. Boh stvoril Adama ako žijúceho ducha kvôli kultivácii ľudstva. Gn 2, 7 vysvetľuje stvorenie Adama: *„ Vtedy Pán, Boh, utvoril z hliny zeme človeka a vdýchol do jeho nozdier dych života. Tak sa stal človek živou bytosťou."*

Materiál, ktorý Boh použil na stvorenie Adama, bol prach zeme. Je to preto, lebo ľudia musia prejsť kultiváciou ľudstva na tejto zemi (Gn 3, 23).

Je to tiež preto, že pôda, ktorá je prachom zeme, mení svoj charakter podľa toho, čo do nej pridáte.

Boh stvoril z prachu zeme nielen vonkajšie telo človeka, ale aj jeho vnútorné orgány, kosti, žily a nervy. Vynikajúci hrnčiar dokáže vyrobiť cenný kus porcelánu z hrsti jemnej hliny. Pretože Boh stvoril človeka na svoj obraz, človek musel byť krásny!

Adam bol stvorený s čistou, snehobielou pokožkou. Bol silný a jeho telo bolo od hlavy po päty dokonalé, rovnako ako všetky jeho orgány a každá bunka jeho tela. Bol krásny. Keď Boh do tohto Adama vdýchol dych života, stal sa živou bytosťou, ktorá

21

je živým duchom. Proces je podobný zasvietenej žiarovke, ktorá nemôže vyžarovať svetlo sama od seba. Svetlo môže vyžarovať iba vtedy, ak je dodávaná elektrina. Adamovo srdce začalo biť, krv v jeho žilách začala prúdiť a všetky orgány a bunky začali fungovať až potom, čo od Boha dostal dych života. Jeho mozog začal fungovať, oči vidieť, uši počuť a jeho telo sa začalo pohybovať podľa jeho vôle, až keď dostal dych života.

Dych života je krištáľ Božej moci. Tiež môže byť nazývaný Božou energiou. Je to v podstate zdroj pokračovania života. Keď Boh vdýchol do Adama dych života, z Adama sa stal duch, ktorý vyzeral presne ako jeho telo. Rovnako ako malo Adamovo fyzické telo tvar, aj jeho duch mal tvar, ktorý bol úplne rovnaký ako tvar jeho tela. Ďalšie podrobnosti o tvare ducha sú vysvetlené v druhom dieli tejto knihy.

Telo Adama, ktorý bol teraz žijúcim duchom, sa skladalo z nezničiteľného tela z mäsa a kostí. V tele prebýval duch, ktorý komunikoval s Bohom a duša, ktorá pomáhala duchu. Duša a telo poslúchali ducha, a týmto spôsobom Adam zachovával Božie slovo a komunikoval s Bohom, ktorý je duch.

Keď bol Adam stvorený, mal telo dospelého človeka, no nemal žiadne poznanie. Rovnako ako dieťa môže mať správny charakter a zaujímať produktívnu úlohu v spoločnosti len prostredníctvom vzdelania, aj on musel mať správne poznanie. A preto potom, ako ho Boh doviedol do raja Edenu, učil ho poznaniu pravdy a ducha. Boh ho naučil harmónii všetkých vecí vo vesmíre, zákonom duchovnej ríše, Slovu pravdy a neobmedzenému Božiemu poznaniu. To je dôvod, prečo si Adam mohol podmaniť zem a nad všetkým vládnuť.

Život nevypočítateľnej dĺžky

Adam, žijúci duch, vládol nad rajom Edenu a nad Zemou ako pán všetkého tvorstva, pretože mal poznanie a múdrosť ducha. Boh vedel, že nie je dobré byť sám, a tak z jedného jeho rebra stvoril ženu Evu. Boh ju stvoril ako jeho pomocníčku a dovolil im stať sa jedným telom. A teraz vzniká otázka: ako dlho žili v raji Edenu? Biblia neudáva konkrétne číslo, ale žili tam nepredstaviteľne dlho. Ale v Gn 3, 16 nachádzame: *„Žene povedal: Veľmi rozmnožím tvoje trápenia a ťarchavosť; v bolesti budeš rodiť deti, a hoci budeš po mužovi túžiť, on bude vládnuť nad tebou. "*

Eva bola v dôsledku hriechu, ktorý spáchala, prekliata a v tejto kliatbe sa značne zväčšila jej pôrodná bolesť. Inými slovami, predtým, než bola prekliata, rodila deti v raji Edenu, ale trpela minimálnou pôrodnou bolesťou. Adam a Eva boli živými duchmi, ktorí nestarli. Takže sa ich počet dlhú dobu znásoboval.

Mnoho ľudí si myslí, že Adam jedol zo stromu poznania dobra a zla hneď potom, ako bol stvorený. Niektorí dokonca kladú nasledujúce otázky: „Vzhľadom k tomu, že dejiny ľudstva zaznamenané v Biblii predstavujú len asi 6 000 rokov, ako je teda možné, že sme našli skameneliny, ktoré sú staré stovky tisíc rokov?"

História ľudstva zaznamenaná v Biblii začala v okamihu, keď bol Adam vyhnaný na zem po tom, čo zhrešil. Nezahŕňa dobu, počas ktorej žil v raji Edenu. Kým Adam žil v raji Edenu, Zem prechádzala mnohými procesmi, ako napríklad, pohybami zemskej kôry a s nimi súvisiacimi geografickými zmenami, ako aj vznik a zánik rôznych živých stvorení. Niektoré z nich sa stali skamenelinami. Z tohto dôvodu môžeme nájsť skameneliny staré milióny rokov.

2) Adam spáchal hriech

Keď Boh doviedol Adama do raja Edenu, zakázal mu jednu vec. Adamovi povedal, aby nejedol zo stromu poznania dobra a zla. Ale po uplynutí dlhej doby Adam a Eva nakoniec zo stromu jedli. Boli vyhnaní z raja Edenu na Zem, a vtedy sa začala kultivácia ľudstva.

Ako Adam zhrešil? Bola tam bytosť, ktorá chcela získať Adamovu veľkú moc, ktorú dostal od Boha. Bol to Lucifer, vodca všetkých zlých duchov. Lucifer si myslel, že musí získať Adamovu moc, aby sa mohol postaviť proti Bohu a vyhrať boj. Vymyslel plán a použil ľstivého hada.

Ako je napísané v Gn 3, 1: *„No had bol ľstivejší ako všetky poľné zvieratá, ktoré urobil Pán,"* had bol stvorený z hliny, ktorá mala ľstivé charakterové črty. A práve kvôli tomu bola väčšia možnosť, že by prijal zlo ľstivosti skôr ako ostatné zvieratá. Zlí duchovia v ňom prebudili jeho zlé charakterové črty a had sa stal ich nástrojom v pokúšaní človeka.

Zlí duchovia ľudí neprestajne pokúšajú

Adam mal v tom čase takú veľkú moc, že vládol nad rajom Edenu a nad Zemou, preto nebolo pre hada ľahké Adama priamo pokúšať. To je dôvod, prečo sa rozhodol ako prvú pokúšať Evu. Had sa jej prefíkane spýtal: *„Naozaj povedal Boh: Nesmiete jesť z nijakého rajského stromu!?"* (v 1) Boh Eve nikdy nič neprikázal. Príkaz bol daný len Adamovi. Ale had sa pýtal, ako keby Boh dal príkaz priamo Eve. Evina odpoveď bola takáto: *„Žena odpovedala hadovi: Z ovocia rajských stromov môžeme jesť, ale o ovocí stromu, ktorý je v strede raja nám Boh povedal: ,Nejedzte z neho, ani sa ho nedotýkajte, aby ste nezomreli!'"* (Gn 3, 2-3)

Boh povedal: *„...lebo v deň, keď by si z neho jedol, istotne zomrieš"* (Gn 2, 17). Ale Eva povedala: „aby ste nezomreli." Možno si myslíte, že je to len veľmi malý rozdiel, ale dokazuje to, že neuchovávala Božie slovo v pamäti správne. Tiež to dokazuje, že neverila Božiemu slovu úplne. Keď had videl, že Eva zmenila Božie slovo, začal ju pokúšať ešte agresívnejšie.

Gn 3, 4-5 hovorí: *„Tu povedal had žene: ,Nie, nezomriete, ale Boh vie, že v deň, keď budete z neho jesť, otvoria sa vám* *oči a vy budete ako Boh, budete poznať dobro a zlo.'''*

Ako satan podnecoval hada vložiť túžbu do Evinej mysle, strom poznania dobra a zla sa jej zdal byť iný, ako je zaznamenané: *„strom je na jedenie chutný, na pohľad krásny a na poznanie vábivý"* (v 6). Eva nemala nikdy v úmysle ísť proti Božiemu slovu, ale kvôli vzniknutej túžbe nakoniec zo stromu jedla. Dala aj svojmu mužovi Adamovi a on tiež jedol.

Výhovorky Adama a Evy

V Gn 3, 11 sa Boh spýtal Adama: *„Jedol si azda zo stromu, z ktorého som ti jesť zakázal?!"*

Boh vedel všetko, čo sa stane, ale chcel, aby si Adam uvedomil svoj hriech a konal pokánie. Ale Adam odpovedal: *„Žena, ktorú si mi dal na pomoc, tá mi dala zo stromu a ja som jedol"* (v 12). Adam naznačil, že ak by mu Boh nedal ženu, nebol by sa dopustil tohto hriechu. Namiesto toho, aby uznal svoje previnenie, iba chcel uniknúť dôsledkom situácie. Samozrejme, že Eva bola tá, ktorá dala Adamovi ovocie. Ale Adam bol hlavou ženy, takže mal vziať na seba zodpovednosť za to, čo sa stalo.

Boh sa v Gn 3, 13 opýtal ženy: *„Prečo si to urobila?!"* Aj napriek tomu, že Adam mal prijať zodpovednosť, Eva nemohla byť ospravedlnená z hriechu, ktorého sa dopustila. Ale aj ona zvalila vinu na hada slovami: *„Had ma podviedol a ja som jedla."* A čo sa stalo s Adamom a Evou, ktorí spáchali tieto hriechy?

Adamov duch zomrel

Gn 2, 17 hovorí: „*Zo stromu poznania dobra a zla však nejedz! Lebo v deň, keď by si z neho jedol, istotne zomrieš.*" „Smrť", ktorú spomenul Boh, nie je fyzickou smrťou, ale duchovnou smrťou. Ak umrie duch človeka, neznamená to, že duch úplne zmizne. Znamená to, že zanikne komunikácia s Bohom a nemôže viac fungovať. Duch stále existuje, ale už od Boha nemôže dostávať duchovné veci. Táto situácia bola taká istá, ako byť mŕtvy.

Keďže Adamov a Evin duch zomrel, Boh im už nemohol dovoliť zostať v raji Edenu, ktorý bol v duchovnej ríši. Gn 3, 22-23 hovorí: „*Potom im Pán, Boh, povedal: ‚Hľa, človek sa stal ako jeden z nás! Poznal dobro i zlo. Len aby teraz nenačiahol svoju ruku po strome života a nejedol a nežil naveky! A Pán, Boh, ho vykázal z raja Edenu, aby obrábal zem, z ktorej bol vzatý.*'"

Boh povedal: „človek sa stal ako jeden z nás", ale to neznamená, že Adam sa skutočne stal podobným Bohu. Znamená to, že dovtedy Adam poznal len pravdu, ale rovnako ako Boh pozná pravdu a nepravdu, aj Adam začal poznať nepravdu. Výsledkom bolo to, že Adam, ktorý bol kedysi žijúci duch, sa teraz stal telom. Musel čeliť smrti. Musel sa vrátiť na túto zem, kde ho Boh stvoril. Telesný človek nemôže žiť v duchovnom priestore. Navyše, keby Adam jedol zo stromu života, žil by naveky. Preto ho v raji Edenu už Boh nemohol nechať.

3) Návrat do fyzického priestoru

Keď Adam neposlúchol Boha a jedol zo stromu poznania dobra a zla, všetko sa zmenilo. Bol vyhnaný na Zem, do fyzického priestoru, a úrodu mohol získať iba bolestivou námahou a v pote čela. Všetko bolo prekliate a dobré životné prostredie z čias Božieho stvorenia už neexistovalo.

Gn 3, 17 hovorí: *„A Adamovi povedal: ‚Preto, že si počúval hlas svojej ženy a jedol si zo stromu, o ktorom som ti prikázal: ‚Nesmieš z neho jesť!', nech je prekliata zem pre teba; s námahou sa z nej budeš živiť po všetky dni svojho života.'"*

Z tohto verša môžeme vidieť, že kvôli Adamovmu hriechu, nielen Adam, ale všetko na tejto zemi, to znamená, celé prvé nebo, bolo prekliate. Všetko na Zemi bolo v krásnej harmónii, ale bol vytvorený nový fyzický zákon. Kvôli prekliatiu vznikli baktérie a vírusy, a aj zvieratá a rastliny sa začali meniť.

V Gn 3, 18 Boh ďalej Adamovi povedal: *„Tŕnie a bodľačie ti bude rodiť a ty budeš jesť poľné byliny."* Plodiny nemôžu dobre rásť v tŕní a bodľačí, a tak Adam mohol jesť úrodu zeme len prostredníctvom bolestivej námahy. Keďže pôda bola prekliata, začali rásť zbytočné stromy a rastliny. Taktiež vznikol aj škodlivý hmyz. Aby Adam mohol obrábať pôdu a premeniť ju na dobré pole, všetky tieto škodlivé veci musel odstrániť.

Potreba kultivácie srdca

Ako Adam musel obrábať pôdu, v podobnej situácii je aj

človek, ktorý teraz musí prejsť kultiváciou ľudstva na tejto zemi. Predtým, ako človek spáchal hriech, jeho srdce bolo iba čisté a bezúhonné a malo iba poznanie ducha. Gn 3, 23 hovorí: *„A Pán, Boh, ho vykázal z raja Edenu, aby obrábal zem, z ktorej bol vzatý. "* Tento verš prirovnáva Adama, ktorý bol stvorený z prachu zeme, k zemi, z ktorej bol vzatý. To znamená, že teraz musel kultivovať svoje srdce. Pred spáchaním hriechov nemusel kultivovať svoje srdce, pretože v srdci nemal žiadne zlo.

Ale po jeho neuposlúchnutí ho začal ovládať nepriateľ diabol a satan. Do ľudského srdca vsádzali stále viac a viac telesných vecí. Vsádzali tam nenávisť, hnev, aroganciu, cudzoložstvo, atď. Všetky tieto veci začali v srdci vyrastať s tŕňmi a bodľačím. Ľudstvo bolo čoraz viac znečistené telom.

„Obrábať zem, z ktorej sme boli vzatí" znamená, že musíme prijať Ježiša Krista, musíme použiť Božie slovo na zbavenie sa tela, ktoré bolo vsadené do našich sŕdc a musíme obnoviť duchovný stav. V opačnom prípade to znamená, že máme „mŕtveho ducha" a s mŕtvym duchom sa nemôžeme a nebudeme tešiť z večného života. Dôvodom, prečo sú ľudia kultivovaní na tejto zemi, je kultivácia telesného srdca na obnovenie čistého, duchovného srdca. Toto srdce je rovnaké ako srdce, ktoré mal Adam pred jeho pádom.

Vyhnanie z raja Edenu a život na tejto zemi boli pre Adama obrovskou zmenou. Bola to oveľa väčšia bolesť a zmätok, než tie, ktoré by trpel princ veľkého národa, keby sa náhle stal roľníkom. Eva teraz tiež musela pri pôrode trpieť oveľa väčšou bolesťou. Keď žili v raji Edenu, nebola tam žiadna smrť. Ale teraz museli čeliť smrti žijúc na tomto fyzickom svete, ktorý zaniká a rozkladá sa. Gn 3, 19 hovorí: *„ V pote svojej tváre budeš jesť svoj chlieb, kým sa nevrátiš do zeme, z ktorej si bol vzatý, lebo prach si a na prach sa obrátiš!"* A ako je napísané, museli teraz zomrieť.

Samozrejme, že duch Adama pochádzal od Boha, a preto nemôže nikdy zaniknúť. Gn 2, 7 hovorí: *„ Vtedy Pán, Boh, utvoril z hliny zeme človeka a vdýchol do jeho nozdier dych života. Tak sa stal človek živou bytosťou."* Dych života má večnú podstatu Boha.

Ale Adamov duch už viac nebol činný. A preto duša sa stala pánom človeka a získala kontrolu aj nad telom. Od tej doby musel Adam podľa zákona fyzického sveta zostarnúť, a nakoniec zomrieť. Musel sa vrátiť späť do zeme.

Aj keď bola v tej dobe Zem prekliata, hriechy a zlo neboli také prevládajúce ako dnes, a tak sa Adam dožil 930 rokov (Gn 5, 5).

Ale postupom času sa ľudia stávali horšími a horšími. V dôsledku toho sa skracovala dĺžka života. Keď Adam a Eva prišli z raja Edenu na túto Zem, museli sa prispôsobiť novému prostrediu. Predovšetkým museli žiť ako telesní ľudia, nie ako živí duchovia. Po práci boli unavení, a preto museli odpočívať. Čelili ochoreniam a chorobám. Ich tráviaci systém sa zmenil, pretože sa zmenila ich strava. Jedlo muselo prejsť procesom trávenia. Všetko sa zmenilo. Neposlušnosť Adama nebola nepatrná. To znamená, že hriech vstúpil do celého ľudstva. Adam a Eva a všetci ich potomkovia na tejto Zemi začali fyzické životy s mŕtvymi duchmi.

Kapitola 3
Ľudia vo fyzickom priestore

Telo je podstata, ktorá je spojená s hriechom,
a tak ľudia vo fyzickom priestore páchajú hriechy.
Avšak, v jadre ľudí je semeno života dané Bohom,
a vďaka tomuto semenu života môže prebiehať kultivácia ľudstva.

1. Semeno života

2. Ako vznikol človek

3. Svedomie

4. Skutky tela

5. Kultivácia

Adam a Eva splodili na tejto zemi mnoho detí. Hoci ich duchovia boli mŕtvi, Boh ich neopustil. Naučil ich veci, ktoré boli nevyhnutné pre ich pozemské životy. Adam učil deti tejto pravde, a tak aj Kain, aj Ábel dobre vedeli, ako mali ponúkať Bohu obetu.

Za nejaký čas Kain priniesol Bohu obetu plodov zeme, ale Ábel ponúkol Bohu obetu krvi, ktorú Boh žiadal. Keď Boh prijal iba Ábelovu obetu, Kain namiesto toho, aby si uvedomil svoju chybu a konal pokánie, začal na Ábela tak veľmi žiarliť, že ho zabil.

V priebehu času hriech stále viac prevládal, až kým v Noemovej dobe nebola zem taká plná ľudského násilia, že Boh nakoniec potrestal celý svet vodou. Ale Boh dovolil Noemovi a jeho trom synom začať úplne nový národ. Čo sa teda stalo s ľudskou rasou, ktorá začala žiť na tejto zemi?

1. Semeno života

Keď Adam spáchal hriech, jeho komunikácia s Bohom už nebola možná. Stratil duchovnú energiu a naplnila ho telesná energia, ktorá pohltila jeho semeno života.

Boh stvoril Adama z prachu zeme. V hebrejčine „Adamah" znamená pôda alebo zem. Boh urobil telo človeka z hliny a do nozdier mu vdýchol dych života. V knihe proroka Izaiáša sa tiež hovorí, že človek bol „stvorený z hliny".

V Iz 64, 8 je napísané: *„Teraz však, Pane, ty si náš otec, my sme len hlina a ty si náš tvorca, všetci sme dielom tvojich rúk."*

Onedlho na to, čo som otvoril tento kostol, Boh mi zjavil obraz, na ktorom formoval Adama z hliny. Materiál, ktorý Boh použil, bola pôda zmiešaná s vodou, čo je vlastne hlina. Tu voda odkazuje na Božie slovo (Jn 4, 14). Keď sa pôda a voda zmiešali a vstúpil doň dych života, krv, ktorá je život, začala prúdiť a stalo sa to živou bytosťou (Lv 17, 14).

Dych života má v sebe Božiu moc. Vzhľadom k tomu, že pochádza od Boha, nemôže nikdy zaniknúť. Biblia nehovorí jednoducho to, že Adam sa stal človekom. Hovorí, že sa stal živou bytosťou. To znamená, že on bol živý duch. S dychom života mohol žiť večne, aj keď bol stvorený z prachu zeme. Vďaka tomuto sme schopní pochopiť význam verša v Jn 10, 34-35, kde je napísané: *„Ježiš im vravel: ,A nie je napísané vo vašom zákone:*

„Ja som povedal: Ste bohmi?' Nuž ak nazval bohmi tých, ktorým bolo dané Božie slovo – a Písmo nemožno zrušiť!'" Človek na počiatku stvorenia mohol žiť večne a fyzicky nezomrieť. Hoci Adamov duch kvôli jeho neposlušnosti zomrel, v jeho srdci bolo semeno života dané Bohom. To semeno je večné a skrze neho sa môže každý človek znovuzrodiť ako Božie dieťa.

Semeno života dávané každému človeku

Keď Boh stvoril Adama, zasadil v ňom nezničiteľné semeno života. Semeno života je pôvodné semeno, ktoré Boh vložil do Adamovho ducha, a ktoré je hlavnou časťou jeho ducha. Je podstatou ducha a zdrojom sily na premýšľanie o Bohu a splnenie celej povinnosti človeka.

V šiestom mesiaci tehotenstva Boh dáva embryu semeno života spolu s duchom človeka. V tomto semene života je srdce a moc Boha, aby ľudia mohli s Bohom komunikovať. Väčšina ľudí, ktorí neuznávajú existenciu Boha, stále pociťujú strach alebo obavy zo života po smrti, alebo nedokážu hlboko vnútri ich sŕdc skutočne poprieť Boha, pretože semeno života je hlboko v ich srdciach.

Pyramídy a ďalšie relikvie obsahujú ľudský koncept večného života a ich nádeje na večný odpočinok. Dokonca aj tí najstatočnejší ľudia sa stále boja smrti, pretože semeno života v nich pozná život, ktorý má prísť.

V každom človeku je semeno života dané od Boha a každý

človek vo svojej podstate hľadá Boha (Kaz 3, 11). Semeno života funguje ako srdce človeka, a preto je v priamom vzťahu s duchovným životom. Prostredníctvom činnosti srdca prúdi krv, aby dodávala telu kyslík a živiny. Podobne, ak sa semeno života v človeku prebudí, jeho duch sa tiež naplní energiou, a potom môže komunikovať s Bohom. Naopak, ak je jeho duch mŕtvy, semeno života nie je aktívne a človek nemôže s Bohom priamo komunikovať.

Semeno života je podstatou ducha

Adam bol plný poznania pravdy, ktorému ho naučil Boh. Semeno života v ňom bolo plne aktívne. Bol naplnený duchovnou energiou. Zmúdrel do tej miery, že mohol vymenovať všetko živé, žiť ako pán všetkého tvorstva a vládnuť nad ním. Ale keď zhrešil, jeho komunikácia s Bohom už nebola možná. Jeho duchovná energia začala z neho unikať. Jeho duchovná energia bola v jeho srdci nahradená telesnou energiou a telesná energia tiež pokryla semeno života. Od tej doby semeno života postupne strácalo svoje svetlo a nakoniec sa stalo úplne neaktívnym.

Rovnako ako sa ľudský život končí, keď srdce prestane biť, aj Adamov duch zomrel, keď sa semeno života stalo neaktívnym. To, že jeho duch zomrel, znamená, že semeno života v ňom prestalo fungovať úplne, takže semeno bolo rovnaké ako mŕtve semeno. Preto sa všetci v tomto fyzickom priestore rodia s neaktívnym semenom života.

Od Adamovho pádu sa ľudia neboli schopní vyhnúť smrti.

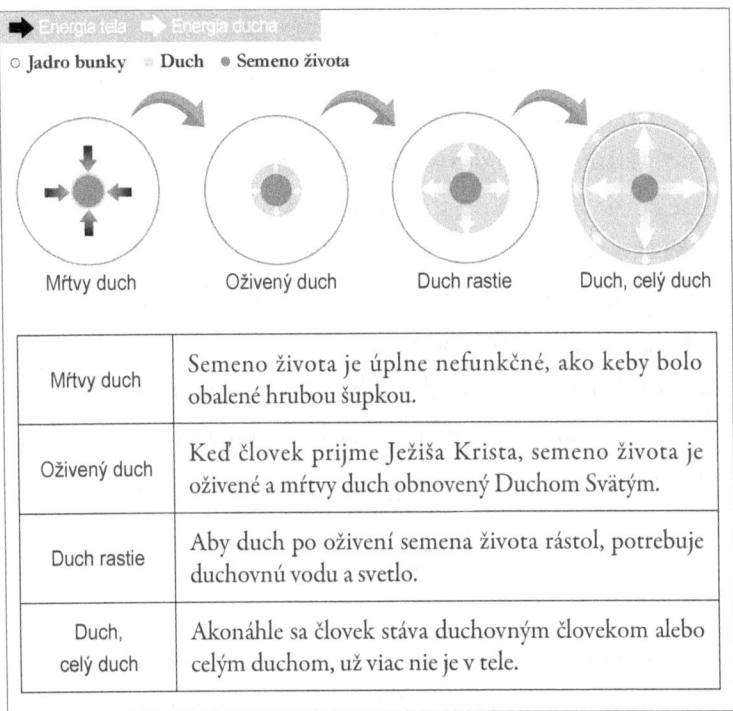

Mŕtvy duch	Semeno života je úplne nefunkčné, ako keby bolo obalené hrubou šupkou.
Oživený duch	Keď človek prijme Ježiša Krista, semeno života je oživené a mŕtvy duch obnovený Duchom Svätým.
Duch rastie	Aby duch po oživení semena života rástol, potrebuje duchovnú vodu a svetlo.
Duch, celý duch	Akonáhle sa človek stáva duchovným človekom alebo celým duchom, už viac nie je v tele.

Aby znovu získali večný život, museli vyriešiť problém hriechu s pomocou Boha, ktorý je Svetlo. Konkrétne, museli prijať Ježiša Krista a získať odpustenie hriechov. Aby bol náš duch obnovený, Ježiš zomrel na kríži za hriechy celého ľudstva. Stal sa cestou, pravdou a životom, prostredníctvom ktorého môžu všetci ľudia získať večný život. Keď prijmeme Ježiša za nášho osobného Spasiteľa, hriechy nám môžu byť odpustené a získaním Ducha Svätého sa staneme Božími deťmi.

Duch Svätý oživuje semeno života v nás. Toto je obnovením mŕtveho ducha v nás. Od tohto okamihu začne semeno života, ktoré stratilo všetko svoje svetlo, znovu svietiť. Samozrejme, nemôže žiariť v plnom rozsahu ako v Adamovi, ale intenzita svetla silnie so zvyšujúcou sa mierou viery a s rastom a dozrievaním ducha človeka.

Čím viac je semeno života naplnené Duchom Svätým, tým silnejšie svetlo vyžaruje, a tým je aj silnejšie svetlo duchovného tela. Do akej miery je človek naplnený poznaním pravdy, do takej miery môže obnoviť stratený obraz Boha a stať sa pravým Božím dieťaťom.

Fyzické semeno života

Okrem duchovného semena života, ktoré je jadrom ducha, je tu tiež fyzické semeno života. To odkazuje na spermie a vajíčka. Boh vytvoril plán kultivácie ľudstva, aby získal pravé deti, s ktorými sa bude deliť o pravú lásku. A aby sa tento plán splnil, dal ľuďom semeno života, aby sa mohli množiť a naplniť zem. Duchovný priestor, kde prebýva Boh, je neobmedzený, a bol by veľmi osamelý a opustený, keby tam bol úplne sám. To je dôvod, prečo Boh stvoril Adama ako živého ducha a nechal ho množiť sa generáciu po generácii, aby tak Boh získal mnoho detí.

Druh dieťaťa, ktoré Boh chce, je človek, ktorého mŕtvy duch je obnovený, je schopný komunikovať s Bohom a bude sa s Ním naveky deliť o lásku v nebeskom kráľovstve. Aby Boh získal takéto pravé deti, dáva každému toto semeno života a už od čias Adama vykonáva kultiváciu ľudstva. Dávid pochopil túto lásku a Boží plán a povedal: „*Chválim ťa, že si ma utvoril tak zázračne; všetky tvoje diela sú hodny obdivu a ja to veľmi dobre viem*" (Ž 139, 14).

2. Ako vznikol človek

Človek nemôže byť klonovaný z inej ľudskej bytosti. Aj keby mal vonkajší vzhľad človeka, nebol by to človek, pretože by nemal ducha. Klonovaná bytosť by sa nijako neodlišovala od zvieraťa.

Nový život vzniká, keď sa spojí spermia muža s vajíčkom ženy. Aby plod získal ľudskú podobu, zostáva v maternici po dobu deviatich mesiacov. Keď sa pozrieme na proces rastu od počatia až po pôrod, môžeme cítiť tajomnú moc Boha.

V prvom mesiaci sa začne vyvíjať nervový systém. Keďže to tvorí základ všetkého, môžu sa vytvoriť krv, kosti, svaly, cievy a vnútorné orgány. V druhom mesiaci začne biť srdce a plod nadobúda nedokonalý vonkajší vzhľad človeka. V tejto fáze sa už dá rozoznať hlava a končatiny. V treťom mesiaci sa vytvorí tvár. Plod dokáže sám pohybovať hlavou, telom a končatinami a vyvíjajú sa pohlavné orgány.

Od štvrtého mesiaca je dokončená placenta, takže prísun živín rastie a dĺžka a hmotnosť plodu sa rýchlo zväčšujú. Všetky orgány na udržiavanie tela a života normálne fungujú. Svaly sa vyvíjajú od piateho mesiaca, ako aj schopnosť počuť, a plod už počuje zvuk. V šiestom mesiaci sa vyvíja tráviace ústrojenstvo, a tak sa rast zrýchľuje. V siedmom mesiaci začnú rásť na hlave vlasy a s vývojom pľúc začne plod dýchať.

Pohlavné orgány a schopnosť počuť sú dokončené v ôsmom mesiaci. Plod môže dokonca reagovať aj na vonkajší zvuk. V deviatom mesiaci silnejú vlasy, z tela miznú jemné chĺpky a končatiny sa zaobľujú. Po celých devätich mesiacoch sa rodí dieťa s priemernou dĺžkou 50 cm a telesnou hmotnosťou 3,2 kg.

Ľudský plod je život, ktorý patrí Bohu

S dnešnými vedeckými poznatkami majú ľudia veľký záujem o klonovanie živých tvorov. Ale ako je uvedené vyššie, bez ohľadu na to, akou vyspelou sa veda stáva, ľudia nemôžu byť klonovaní. Aj keby sa stalo, že klonovaním získajú vonkajší vzhľad človeka, nebudú mať žiadneho ducha. Bez ducha sa človek nijako nelíši od zvierat.

V procese rastu človeka, na rozdiel od všetkých ostatných zvierat, existuje bod, kedy človek dostáva ducha. V šiestom mesiaci tehotenstva má už plod rôzne orgány, tvár a končatiny. Stáva sa nádobou, ktorá je schopná udržať ducha. V tomto okamihu Boh dáva človeku semeno života spolu s duchom. Túto skutočnosť môžeme odvodiť zo záznamov v Biblii. Je to záznam reakcie šesťmesačného plodu v maternici.

Lk 1, 41-44 hovorí: *„Len čo Alžbeta začula Máriin pozdrav, dieťa v jej lone sa zachvelo a Alžbetu naplnil Duch Svätý. Vtedy zvolala veľkým hlasom:* ‚*Požehnaná si medzi ženami a požehnaný je plod tvojho života. Čím som si zaslúžila, že matka môjho Pána prichádza ku mne? Lebo len čo zaznel tvoj pozdrav v mojich ušiach, radosťou sa zachvelo dieťa v mojom* *lone.'"*

To sa stalo, keď bol Ježiš práve počatý v lone Panny Márie a ona prišla navštíviť Alžbetu, ktorá pred šiestimi mesiacmi počala Jána Krstiteľa. Keď prišla Panna Mária, Ján Krstiteľ sa v matkinom lone zachvel radosťou. Spoznal Ježiša v Máriinom lone a bol naplnený Duchom Svätým. Ľudský plod nie je len život, ale je to aj duchovná bytosť, ktorá môže byť naplnená Duchom od šiesteho mesiaca tehotenstva. Ľudská bytosť je život, ktorý od okamihu počatia patrí Bohu. Len Boh má zvrchovanosť nad životom. Preto nesmieme predčasne ukončiť život plodu, ako uznáme za vhodné alebo potrebné, aj keď plod ešte nemá ducha.

Deväťmesačné obdobie, počas ktorého plod v maternici rastie, je veľmi dôležité. Všetko, čo potrebuje pre rast, dostáva od matky, takže matka musí mať vyváženú stravu. Pocity a myšlienky matky tiež ovplyvňujú vytváranie povahy, osobnosti a inteligencie plodu. Je to rovnaké s duchom. Bábätká matiek, ktoré slúžia Božiemu kráľovstvu a usilovne sa modlia, sa všeobecne rodia s miernymi povahami a vyrastajú v múdrosti a zdraví.

Zvrchovanosť nad životom patrí výhradne Bohu, ale On nezasahuje do priebehu počatia, narodenia a rastu človeka. Tieto vrodené povahy sa formujú prostredníctvom životnej energie obsiahnutej v spermii a vajíčku rodičov. Ďalšie charakterové vlastnosti sú získané a vyvíjajú sa v súlade so životným prostredím a ďalšími vplyvmi.

Mimoriadny Boží zásah

Je niekoľko prípadov, kedy Boh zasahuje do počatia a narodenia človeka. Po prvé, je to vtedy, keď rodičia vierou potešujú Boha a úprimne sa modlia. Anna, žena, ktorá žila v dobe Sudcov, žila v bolesti a v utrpení, pretože nemohla mať dieťa, a tak prišla pred Boha a vrúcne sa modlila. Dala Bohu sľub, že ak jej dá syna, odovzdá Mu ho.

Boh vypočul jej modlitbu, požehnal ju a ona počala syna. Ako sľúbila, hneď po odstavení priniesla syna Samuela kňazovi a dala ho Bohu za služobníka. Samuel sa od detstva rozprával s Bohom a neskôr sa stal veľkým prorokom Izraela. Pretože Anna dodržala sľub, Boh ju požehnal ďalšími troma synmi a dvoma dcérami (1 Sam 2, 21).

Po druhé, Boh zasahuje do života tých, ktorých si Boh v Jeho prozreteľnosti vyvolil. Aby sme to pochopili, musíme pochopiť rozdiel medzi „byť vybraný" a „byť vyvolený". Byť Bohom vybraný je vtedy, keď Boh ustanoví určitý rámec a bez rozdielu si vyberie každého, kto do tohto rámca spadá. Napríklad, Boh ustanovil rámec spasenia a zachráni každého, kto patrí do tohto rámca. Preto tí, ktorí získajú spasenie, keď príjmu Ježiša Krista a žijú podľa Božieho slova, sú „vybraní".

Niektorí ľudia nesprávne hovoria, že Boh už rozhodol o ľuďoch, ktorí budú spasení a o tých, ktorí nebudú spasení.

Hovoria, že ak raz prijmete Pána, Boh pracuje takým spôsobom, aby ste boli v každom prípade spasení, aj keď nežijete podľa Božieho slova. Ale táto myšlienka je nesprávna. Každý, kto vlastnou slobodnou vôľou začne veriť, v rámci spásy získa spasenie. To znamená, že všetci títo ľudia sú Bohom „vybraní". Ale tí, ktorí nespadajú do rámca spásy alebo tí, ktorí kedysi patrili do rámca, ale potom sa vzdialili kvôli spriateleniu sa so svetom a vedome a úmyselne páchali hriechy, môžu byť spasení, iba ak sa od svojich ciest odvrátia.

Čo potom znamená „byť vyvolený"? Znamená to, že Boh, ktorý všetko vie a už pred vekmi všetko naplánoval, vyberie určitého človeka a ovláda všetky aspekty jeho života. Napríklad, Abrahám; Jakub, otec celého Izraela; a Mojžiš, vodca Exodusu; všetci boli Bohom vyvolení na splnenie osobitných povinností daných Bohom v Jeho prozreteľnosti.

Boh vie všetko. V prozreteľnosti kultivácie ľudstva On vie, aký človek by sa mal narodiť v určitom čase v dejinách ľudstva. Na splnenie Jeho plánov si vyberá určité osoby a necháva ich vykonať veľké veci. Tým, ktorí sú týmto spôsobom vyvolení, Boh zasahuje do každého okamihu života, počnúc ich narodením.

Rim 1, 1 hovorí: „*Pavol, služobník Krista Ježiša povolaný za apoštola, vyvolený hlásať Božie evanjelium.*" Podľa tohto bol apoštol Pavol vyvolený za apoštola pohanov, aby šíril evanjelium. Vzhľadom k tomu, že mal statočné a nemenné srdce, bol vyvolený prejsť nepredstaviteľne obrovským utrpením. Jeho povinnosťou bola tiež zodpovednosť za zaznamenanie väčšiny kníh Nového zákona. Aby mohol splniť túto povinnosť, Boh mu umožnil dôkladne sa učiť Božie slovo už od raného detstva pod dohľadom najlepšieho učenca tej doby – Gamaliela.

Ján Krstiteľ bol tiež Bohom vyvolený. Boh zasiahol do jeho počatia a už od detstva ho nechal žiť iný druh života. Ján žil na púšti sám, bez akéhokoľvek kontaktu so svetom. Mal odev z ťavej srsti a okolo pása kožený opasok a jeho pokrmom boli kobylky a poľný med. Týmto spôsobom pripravil Ježišovi cestu.

Rovnako to bolo aj s Mojžišom. Boh mu do života zasahoval už od narodenia. Bol vhodený do rieky, ale našla ho princezná a stal sa princom. A predsa bol vychovávaný vlastnou matkou, aby sa mohol učiť o Bohu a jeho vlastných ľuďoch. Ako egyptský princ tiež nadobudol všetko poznanie sveta. Ako už bolo vysvetlené, byť vyvolený znamená, ža Boh v Jeho zvrchovanosti riadi život určitého človeka, vediac, aký človek sa narodí v určitom bode ľudských dejín.

3. Svedomie

To, či človek bude hľadať Boha Stvoriteľa, stretne sa s Ním, obnoví obraz Boha a stane sa vzácnou bytosťou, závisí od druhu jeho svedomia.

Spermie a vajíčka rodičov obsahujú ich životnú energiu, ktorú deti zdedia. Je to rovnaké so svedomím. Svedomie je štandard na rozlíšenie dobra a zla. Ak rodičia žijú dobrý život s dobrým srdcom, je pravdepodobné, že aj deti sa narodia s dobrým svedomím. Preto základným rozhodujúcim faktorom svedomia človeka je druh životnej energie, ktorú zdedí po rodičoch.

Ale aj keď sa deti rodia s dobrou životnou energiou rodičov, ak sú vychovávané v nepriaznivom prostredí, vidiac a počujúc veľa zlých vecí a ukladaním zlých vecí do ich sŕdc, potom je pravdepodobné, že ich svedomie bude poškvrnené zlom. Naopak, tí ľudia, ktorí sú vychovaní v priaznivom prostredí, vidia a počujú dobré veci, je pravdepodobné, že budú mať pomerne dobré svedomie.

Vznik svedomia

Svedomie vzniká na základe svedomia rodičov, z ktorých sa človek narodí, druhu prostredia, v ktorom človek vyrastá, druhu vecí, ktoré vidí, počuje, učí sa a od miery úsilia, ktoré vynakladá na konanie dobra. Takže tí, ktorí sa narodili z dobrých rodičov a vyrastali v dobrom prostredí, a ktorí dokážu kontrolovať samých seba, zvyčajne sa usilujú o dobro na základe ich svedomia. Je pre nich ľahké prijať evanjelium a nasledovaním pravdy sa zmeniť.

Ľudia si vo všeobecnosti myslia, že svedomie je dobrou časťou nášho srdca, ale v Božích očiach to tak nie je. Niektorí ľudia majú dobré svedomie, a tým aj väčší sklon k nasledovaniu dobra, zatiaľ čo iní majú zlé svedomie a namiesto nasledovania pravdy hľadajú vlastný prospech.

Niektorí ľudia majú výčitky svedomia, ak niekomu vezmú čo i len malú vec, zatiaľ čo iní si myslia, že to nie je krádež, a preto to nie je nič zlé. Ľudia majú rôzne štandardy úsudku medzi dobrom a zlom podľa druhu prostredia, v ktorom vyrastali a čo sa učili. Ľudia posudzujú dobro a zlo na základe vlastného svedomia. Ale svedomie ľudí je rozdielne. Je veľa rozdielov v dôsledku rôznych kultúr a oblastí, a tak nikdy nemôžu byť absolútnym štandardom pri posudzovaní dobra a zla. Absolútny štandard možno nájsť iba v Božom slove, ktoré je pravda sama.

Rozdiel medzi srdcom a svedomím

Rim 7, 21-24 hovorí: *„Badám teda taký zákon, že keď chcem robiť dobro, je mi blízko zlo. Podľa vnútorného človeka s radosťou súhlasím s Božím zákonom; ale vo svojich údoch pozorujem iný zákon, ktorý odporuje zákonu mojej mysle a robí ma zajatcom zákona hriechu, ktorý je v mojich údoch. Ja nešťastný človek! Kto ma vyslobodí z tohoto tela smrti? “*

Z tohto verša môžeme pochopiť, ako je vytvorené ľudské srdce. „Vnútorný človek" je v tomto verši srdce pravdy, ktoré sa tiež nazýva „biele srdce", a ktoré sa snaží nasledovať Ducha Svätého. V tomto vnútornom človeku je semeno života. Je tam tiež „zákon hriechu", ktorý predstavuje „čierne srdce" a skladá sa z nepravdy. Ďalej je tam aj „zákon mojej mysle". To je svedomie. Svedomie je štandardom úsudku, ktoré si človek sám vytvoril. Je to zmes „bieleho srdca" a „čierneho srdca". Aby sme pochopili svedomie, musíme najprv pochopiť srdce.

V slovníkoch nájdeme mnoho definícií slova „srdce". Je to „emocionálne alebo mravné odlíšenie od intelektuálnej podstaty", alebo „najvnútornejší charakter, pocity alebo sklony človeka." Ale duchovný význam srdca je iný.

Keď Boh stvoril prvého človeka Adama, spolu s duchom mu dal semeno života. Adam bol ako prázdna nádoba a Boh do neho vložil poznanie ducha, ako je láska, dobrota a pravdivosť. Vzhľadom k tomu, že Adam bol vyučovaný iba pravde, jeho semeno života pozostávalo z ducha spolu s jeho poznaním. Pretože bol naplnený len pravdou, nebolo treba rozlišovať medzi duchom a srdcom. Vzhľadom k tomu, že tam nebola nepravda, slovo svedomie nebolo nutné.

Ale keď Adam zhrešil, jeho duch už nebol rovnaký ako jeho srdce. Keďže sa jeho komunikácia s Bohom skončila, pravda, poznanie ducha, ktoré napĺňalo jeho srdce, začali unikať, a namiesto toho, nepravda, ako je nenávisť, závisť a arogancia, začala napĺňať jeho srdce a pokrývať semeno života. Predtým, ako do Adama vstúpila nepravda, nebolo nutné používať slovo „srdce". Jeho srdce bol samotný duch. Ale potom, čo doň kvôli hriechom vstúpila nepravda, jeho duch zomrel a od tej doby sme začali používať slovo „srdce".

Ľudské srdce po Adamovom páde prešlo do stavu, kedy „nepravda, namiesto pravdy, pokryla semeno života", čo znamená, „duša, namiesto ducha, pokryla semeno života". Jednoducho povedané, srdce pravdy je biele srdce a srdce nepravdy je čierne srdce. Srdce všetkých potomkov Adama, ktorí sa narodili po jeho páde, sa skladá zo srdca pravdy, srdca nepravdy a zo svedomia, ktoré vzniklo zmiešaním pravdy a nepravdy.

Podstata je základom svedomia

Pôvodný charakter srdca človeka sa nazýva „podstata". Podstata človeka nie je celá získaná zdedením po rodičoch. Tiež sa mení v závislosti na tom, čo človek počas rastu príjme. Ako sa mení podstata pôdy podľa toho, čo do nej pridáme, aj podstata človeka sa môže meniť podľa toho, čo vidí, počuje a cíti.

Všetci Adamovi potomkovia, ktorí sa narodili na tejto zemi, dedia prostredníctvom životnej energie rodičov podstatu, ktorá je zmesou pravdy a nepravdy. Na jednej strane, aj keď sa narodia s dobrou podstatou, stane sa zlou, ak príjmu zlé veci v zlom prostredí. Na druhej strane, ak sa učia dobrým veciam v dobrom prostredí, bude v ich srdciach zasadené relatívne menšie zlo. Podstatu každého človeka možno zmeniť pridaním nepravdy a pravdy.

Je ľahké pochopiť svedomie, ak najprv pochopíme podstatu

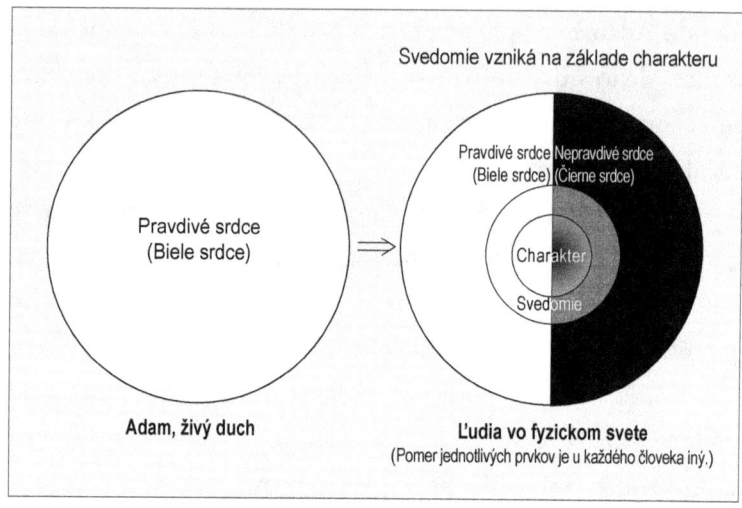

< Stavba srdca >

človeka, pretože svedomie je štandardom úsudku, ktorý je vytvorený podstatou. Do vašej vrodenej podstaty pridávate získané poznanie pravdy a nepravdy, a vytvoríte tak štandard úsudku. To je svedomie. Teda vo svedomí človeka je srdce pravdy, zlo pochádzajúce z podstaty človeka a presvedčenie o vlastnej pravde.

Svet je stále viac a viac naplnený hriechmi a zlom a svedomie ľudí sa stále zhoršuje. Deti po rodičoch dedia stále horšiu podstatu a počas svojho života prijímajú viac neprávd. Tento proces pokračuje ďalej z generácie na generáciu. Ako sa ich svedomie stáva horším a otupenejším, je pre nich stále ťažšie prijať evanjelium. Naopak, je pre nich jednoduchšie prijať diela satana a páchať hriechy.

4. Skutky tela

Keď človek spácha hriechy, určite bude nasledovať odplata podľa zákona duchovnej ríše. Boh s ním zostáva v snahe dať mu šancu, aby konal pokánie a odvrátil sa od hriechov, ale keď prekročí hranicu, nasledujú skúšky a iné katastrofy.

Každý sa rodí s hriešnou prirodzenosťou, pretože hriešna podstata prvého človeka Adama je odovzdávaná deťom prostredníctvom životnej energie rodičov. Niekedy môžeme vidieť aj batoľatá vyjadrovať hnev a frustráciu, napríklad tým, že veľa plačú. Niekedy, keď neutíšime hladné, plačúce dieťa, bude plakať tak veľmi, že to bude vyzerať, že sa dusí. Neskôr odmietne byť utíšené, pretože bude veľmi nahnevané. Dokonca aj novonarodené bábätká prejavujú tento druh reakcie, pretože po rodičoch zdedia výbušnú povahu, nenávisť alebo závisť. Je to preto, lebo všetci ľudia majú v srdci hriešnu prirodzenosť v dôsledku prvotného hriechu.

Ľudia tiež páchajú hriechy počas ich rastu. Rovnako ako magnety priťahujú kov, tí, ktorí žijú vo fyzickom priestore, budú aj naďalej prijímať nepravdu a páchať hriechy. Tieto „vlastné" hriechy môžu byť rozdelené na hriechy v srdci a hriechy spáchané skutkom. Rôzne hriechy majú rôznu závažnosť a hriechy spáchané skutkom budú určite súdené (2 Kor 5, 10). Hriechy spáchané skutkom sa nazývajú „skutky tela".

Telo a skutky tela

Gn 6, 3 hovorí: „*A Pán povedal: ,Môj duch neostane dlho v ľuďoch (pre ich poblúdenie), lebo sú len telo. Ich dní bude iba stodvadsať rokov.*'" Tu „telo" neodkazuje na fyzické telo. Znamená to, že človek sa stal telesnou bytosťou, ktorá je poškvrnená hriechmi a zlom. Takýto telesný človek nemôže naveky prebývať s Bohom, a preto nemôže byť spasený. Iba zopár generácií po tom, čo bol Adam vyhnaný z raja a začal žiť na tejto zemi, jeho potomkovia začali veľmi rýchlo páchať skutky tela.

Boh prikázal Noemovi, ktorý bol spravodlivým človekom tej doby, aby pripravil archu a varoval ľudí, aby sa odvrátili od hriechov. Ale nikto okrem Noemovej rodiny nechcel do archy ísť. Podľa duchovného zákona, ktorý hovorí, že „mzdou hriechu je smrť" (Rim 6, 23), každý človek bol v Noemovej dobe usmrtený potopou.

Čo je teda duchovný význam „tela"? Odkazuje na „podstatu nepravdy v srdci človeka, ktorá je odhalená v konkrétnych skutkoch". Inými slovami, je to závisť, výbušnosť, nenávisť, chamtivosť, cudzoložná myseľ, arogancia a všetky ostatné vnútorné nepravdy ľudí odhalené v podobe násilia, neslušných výrazov, cudzoložstva alebo vraždy. Všetky tieto skutky sa ako celok nazývajú „telo" a každý z týchto skutkov je skutkom tela.

Hriechy neodhalené v skutku, ale spáchané iba v mysli a myšlienkami, nazývajú sa „telesné veci". Ak telesné veci nie sú zo srdca odstránené, môžu sa jedného dňa prejaviť ako skutky tela. Ďalšie podrobnosti o telesných veciach budú prebraté v 2. časti „Vznik duše".

Akonáhle sú telesné veci odhalené v skutkoch tela, je to nespravodlivosť a bezprávie. Ak v srdci máme hriešnu prirodzenosť, nie je považovaná za nespravodlivosť, ale akonáhle sa prejaví v skutku, stáva sa nespravodlivosťou. Ak sa nám nepodarí odstrániť tieto telesné veci a skutky tela, ale namiesto toho ich aj naďalej páchame, medzi Bohom a nami vybudujeme múr hriechu. Potom nás bude satan obviňovať, aby sme čelili testom a skúškam. Môžeme čeliť aj nehodám, pretože Boh nás nebude môcť chrániť. Ak nie sme pod Božou ochranou, nevieme, čo sa stane zajtra. Z tohto dôvodu nemôžeme dostávať ani odpovede na naše modlitby.

Zjavné skutky tela

Ak vo svete prevláda zlo, niektoré z najzjavnejších hriechov sú sexuálna nemravnosť a telesnosť. Sodoma a Gomora boli plné telesnosti, a preto boli zničené sírou a ohňom. Zvyšky mesta Pompeje hovoria o tom, aká cudzoložná a dekadentná bola spoločnosť.

Gal 5, 19-21 opisuje zjavné skutky tela:

A skutky tela sú zjavné: je to smilstvo, nečistota chlipnosť, modloslužba, čary, nepriateľstvá, sváry, žiarlivosť, hnevy, zvady, rozbroje, rozkoly, závisť, opilstvo, hýrenie a im podobné. O tomto vám vopred hovorím, ako som už povedal, že tí, čo robia takéto veci, nedosiahnu Božie kráľovstvo.

Dokonca aj dnes sú takéto skutky tela na dennom poriadku po celom svete. Uvediem niekoľko príkladov takýchto skutkov tela.

Po prvé, je to sexuálna nemravnosť. Sexuálna nemravnosť môže byť buď fyzická, alebo duchovná. Vo fyzickom slova zmysle sa vzťahuje na cudzoložstvo alebo smilstvo. Dokonca aní snúbenci nemôžu byť výnimkou. Dnes romány, filmy alebo telenovely opisujú smilstvo ako krásnu lásku, čo robí ľudí necitlivými voči hriechom a ovplyvňuje ich súdnosť. Existuje tiež mnoho zvrátených materiálov, ktoré smilstvo podporujú.

Ale pre veriacich existuje aj duchovná nemravnosť. Chodiť za veštkyňou, nosiť amulet, prívesky šťastia alebo vykonávať rôzne čary, je duchovným cudzoložstvom (1 Kor 10, 21). Ak sa kresťania nespoliehajú na Boha, ktorý riadi život, smrť, požehnanie a prekliatie, ale na idoly a démonov, je to duchovné cudzoložstvo, čo je rovnaké, ako zrádzanie Boha.

Po druhé, nečistota znamená nasledovanie žiadostivostí, vykonávanie mnohých nespravodlivých vecí a naplnenie života človeka cudzoložnými slovami a skutkami. Je to niečo nad bežnou úrovňou sexuálnej nemravnosti, ktorou je, napríklad, párenie sa so zvieratami, skupinový sex a homosexualita (Lv 18, 22-30). Čím viac prevládajú hriechy, tým menej citlivými sa ľudia stávajú voči cudzoložným veciam.

Tu patrí neposlušnosť a postavenie sa proti Bohu (Rim 1, 26-27). Sú to hriechy, ktoré zabraňujú spáse (1 Kor 6, 9-10) a sú Bohu odporné (Dt 13, 18). Operácia zmeny pohlavia, muži obliekajúci sa do ženských šiat alebo ženy do mužských, sú pre Boha ohavnosťou (Dt 22, 5).

Po tretie, modloslužba je tiež hrôzou v Božích očiach. Je tu fyzická modloslužba a duchovná modloslužba.

Fyzickou modloslužbou je slúženie a uctievanie obrazov, ktoré sú vyrobené z dreva, kameňa alebo kovu, namiesto hľadania Boha Stvoriteľa (Ex 20, 4-5). Rozsiahla modloslužba spôsobí prekliatie po tretiu až štvrtú generáciu. Ak sa pozriete na rodiny, ktoré uctievajú modly, nepriateľ diabol a satan na nich neustále prináša skúšky a testy, preto v týchto rodinách problémy nemiznú. V takýchto rodinách je dokonca veľa rodinných príslušníkov, ktorí sú posadnutí démonom, trpia duševnými poruchami alebo alkoholizmom. Tí, ktorí sa narodili do takej rodiny, aj keď príjmu Pána, nepriateľ diabol a satan ich bude neustále pokúšať, a preto je pre nich ťažké viesť život vo viere.

Duchovná modloslužba nastáva vtedy, keď človek veriaci v Boha, miluje niečo iné viac ako Boha. Ak ľudia porušia Pánov deň pozeraním filmov, seriálov, športových udalostí alebo inými koníčkami alebo v prípade, že zanedbávajú svoje povinnosti vo viere kvôli priateľovi či priateľke, je to duchovná modloslužba.

Ak máte radi niečo – rodinu, deti, svetské zábavy, luxusné veci, moc, slávu, nenásytnosť alebo poznanie – viac ako Boha, potom je to modla.

Po štvrté, čary sú používaním síl získaných za pomoci alebo kontroly zlých duchov, najmä na uskutočňovanie zázrakov. Je nesprávne chodiť k veštkyniam, keď hovoríte, že veríte v Boha. Dokonca aj neveriaci na seba privolávajú veľké pohromy čarami, pretože čary pochádzajú od zlých duchov. Napríklad, ak vykonáte nejaké čary na odstránenie problémov, tieto problémy sa naopak ešte zhoršia. Po čarovaní sa nejakú dobu zlí duchovia zdajú byť ticho, ale čoskoro prinesú ešte väčšie problémy, aby boli viac uctievaní. Niekedy sa zdá, že rozprávajú o tom, čo má prísť, ale zlí duchovia nepoznajú budúcnosť. Ide len o to, že sú duchovnými bytosťami, ktoré poznajú srdce telesných ľudí, preto iba ľudí klamú, aby im uverili, že im hovoria o budúcnosti, aby mohli byť uctievaní. Čary zahŕňajú aj vytváranie plánov na oklamanie ostatných, a preto by sme mali byť aj v tomto veľmi opatrní. Ak necháte niekoho padnúť do jamy vďaka vytvoreného plánu, je zrejmé, že je to skutok tela a spôsob privolania skazy na seba.

Po piate, nepriateľstvo je pozitívna, aktívna a väčšinou vzájomná nenávisť alebo zlé želanie. Je to túžba po zničení ostatných a aj uskutočnenie toho. Tí, ktorí majú nepriateľstvo, nenávidia ostatných so zlými pocitmi len preto, že nemajú radi inú osobu. Ak je veľkosť tejto nenávisti príliš veľká, môže dôjsť k ich výbuchu alebo začnú s očierňovaním a intrigami.

Po šieste, svár je krutý, niekedy násilný konflikt alebo nezhoda. Ide o vytváranie rôznych skupín v kostole len preto, že ostatní majú iné názory. O ostatných hovoria v zlom, súdia ich a odsudzujú. To spôsobuje rozdelenie kostola na mnoho skupín.

Po siedme, rozbroj je rozdelenie do skupín na základe vlastných myšlienok. Dokonca aj v kostole a v rodinách môže dôjsť k rozdeleniu. Dávidov syn Absolón zradil svojho otca a oddelil sa od neho, pretože nasledoval vlastné túžby. Vzbúril sa voči svojmu otcovi, aby sa stal kráľom. Boh takého človeka opustí. Absolóna nakoniec postihla ukrutná smrť.

Po ôsme, je to rozkol. Keď sa rozkol prehlbuje, môže sa to zmeniť na kacírstvo. 2 Pt 2, 1 hovorí: *„V ľude však boli aj falošní proroci; tak budú medzi vami falošní učitelia, ktorí budú vnášať zhubné rozkoly; budú zapierať Pána, ktorý ich vykúpil, a tým privedú na seba náhlu záhubu.“* Kacírstvo znamená popieranie Ježiša Krista (1 Jn 2, 22-23; 4, 2-3). Hovoria, že veria v Boha, ale popierajú Najsvätejšiu Trojicu alebo Ježiša Krista, ktorí nás vykúpil svojou krvou, čím na seba privádzajú rýchlu skazu. Biblia nám jasne hovorí, že kacírmi sú tí, ktorí popierajú Ježiša Krista, a preto by sme nemali ľahkomyseľne súdiť ľudí, ktorí prijímajú Najsvätejšiu Trojicu a Ježiša Krista.

Po deviate, závisť je vtedy, keď žiarlivosť prejde do vážneho činu. Závisť je nepríjemný pocit, kedy sa človek vzdiaľuje od ostatných a nenávidí ich, keď sa im darí lepšie ako jemu. Ak sa táto závisť prehlbuje, môže sa prejaviť v mnohých skutkov, ktoré škodia ostatným. Šaul žiarlil na svojho vlastného človeka Dávida, pretože Dávid bol ľuďmi milovaný viac ako on. On dokonca prikázal svojej armáde, aby Dávida zabili a zničili kňazov a ľud mesta, ktoré Dávida ukrývalo.

Po desiate, je to opilstvo. Noe sa dopustil chyby, keď po potope pil víno a malo to ukrutný dopad. Preklial svojho druhého syna Hama, ktorý odhalil jeho priestupok. Ef 5, 18 hovorí: „*A neopíjajte sa vínom, veď v ňom je samopaš, ale buďte naplnení Duchom.*" Niektorí ľudia hovoria, že jeden pohár je v poriadku. Ale aj napriek tomu je to hriech, pretože, či už je to len jeden pohárik či dva, pijete alkohol, aby ste sa opili. Navyše tí, ktorí sú opití, páchajú mnoho hriechov, pretože nie sú schopní sa ovládať.

Biblia spomína pitie vína, pretože v Izraeli bol nedostatok vody, a tak im namiesto vody Boh dovolil piť víno, ktoré je čistým výťažkom z vínnej révy alebo silný nápoj, ktorý je vyrobený z ovocia s vyšším obsahom cukru (Dt 14, 26). Ale v skutočnosti Boh ľuďom nedovolil piť alkohol (Lv 10, 9; Nm 6, 3; Prís 23, 31; Jer 35, 6; Dan 1, 8; Lk 1, 15; Rim 14, 21). Boh dovolil iba obmedzené požitie vína vo veľmi zvláštnom prípade. Ale aj keď je to len šťava z plodov, ľudia by sa opili, ak by toho vypili veľa. Z tohto dôvodu, aj keď Izraeliti pili víno namiesto vody, nepili ho preto, aby sa opili a zabávali.

Posledný skutok, hýrenie, je užívanie si alkoholu, žien, hazardných hier a ďalších žiadostivých vecí bez sebaovládania. Takí ľudia nemôžu plniť povinnosti ľudských bytostí. Ak vám chýba sebaovládanie, je to tiež druh hýrenia. Ak žijete príliš obscénnym životom alebo žijete zhýralý život podľa vlastného rozhodnutia, je to tiež hýrenie. Ak žijete taký život aj po prijatí Pána, nemôžete dať svoje srdce Bohu ani odhodiť hriechy, a tak nemôžete zdediť Božie kráľovstvo.

Čo znamená nezdediť Božie kráľovstvo

Zatiaľ sme sa pozreli na zjavné skutky tela. Čo je potom základným dôvodom, prečo ľudia páchajú takéto skutky tela? Je to preto, lebo vo svojom srdci nechcú Boha Stvoriteľa. Je to napísané v Rim 1, 28-32: *„A pretože si nevedeli vážiť poznanie Boha, Boh ich vydal napospas ich zvrátenému zmýšľaniu, aby robili, čo sa nepatrí, plných neprávosti, zloby, lakomstva, ničomnosti, plných závisti, vrážd, svárov, ľsti, zlomyseľnosti; sú klebetní, utŕhačskí, nenávidia Boha, urážajú iných, sú pyšní, povyšujú sa, vymýšľajú zlo, neposlúchajú rodičov, sú nerozumní, vierolomní, bezcitní a nemilosrdní. Hoci dobre vedia o Božom ustanovení, že tí, čo robia také veci, zasluhujú si smrť, nielen že to sami robia, ale aj schvaľujú, keď to robia iní. "*

To v podstate hovorí, že nezdedíte Božie kráľovstvo, ak budete konať zjavné skutky tela. Samozrejme, že to neznamená, že nemôžete byť spasení len preto, že ste niekoľkokrát kvôli slabej viere zhrešili.

Nie je pravda, že noví veriaci, ktorí ešte nepoznajú pravdu veľmi dobre, a veriaci so slabou vierou, nebudú spasení len preto, že ešte neodhodili skutky tela. Všetci ľudia páchajú neprávosti počas dozrievania ich viery, a ak sa oddajú krvi Pána, môžu im byť hriechy odpustené. Ale v prípade, že pokračujú v páchaní skutkov tela a neodvrátia sa od nich, nemôžu byť spasení.

Hriechy vedúce k smrti

1 Jn 5, 16-17 hovorí: *„Keď niekto vidí, že jeho brat pácha hriech, ktorý nevedie k smrti, nech prosí a Boh mu dá život, totiž tým, čo páchajú hriech, ktorý nevedie k smrti. Je aj hriech, ktorý vedie k smrti; o takom nehovorím, že sa treba zaň modliť. Každá neprávosť je hriechom, ale je aj hriech, ktorý nevedie k smrti."* Z tohto môžeme vidieť, že sú hriechy, ktoré vedú k smrti a hriechy, ktoré k smrti nevedú.

Aké sú teda hriechy, ktoré vedú k smrti, ktorá nás pripraví o právo zdediť Božie kráľovstvo?

Hebr 10, 26-27 hovorí: *„Lebo ak dobrovoľne hrešíme po prijatí poznania pravdy, potom už niet obety za hriechy, ale iba hrozné očakávanie súdu a žiara ohňa, ktorý strávi* *protivníkov."* Ak v páchaní hriechov pokračujeme, vediac, že sú to hriechy, je to postavenie sa proti Bohu. Boh takým ľuďom nedá ducha pokánia.

Hebr 6, 4-6 tiež hovorí: *„Veď nie je možné, aby tí, čo už raz boli osvietení a okúsili nebeský dar, tí, čo sa stali účastníkmi Ducha Svätého, zakúsili dobré Božie slovo a sily budúceho veku, a potom odpadli, aby sa znova obnovili pokáním, pretože v sebe znova križujú Božieho Syna a vystavujú ho na posmech."* Ak stojíte proti Bohu po tom, čo ste počuli pravdu a zažili diela Ducha Svätého, nedostanete ducha pokánia, a preto nebudete spasení.

Ak odsudzujete diela Ducha Svätého za diela diabla a za kacírske diela, ani vtedy nemôžete byť spasení, pretože je to rúhanie sa a postavenie sa proti Duchu Svätému (Mt 12, 31-32).

Musíme pochopiť, že sú hriechy, ktoré nemôžu byť odpustené, a preto sa nikdy nesmieme takých hriechov dopustiť. Dokonca aj triviálne hriechy môžu prerásť do smrteľných hriechov, ak sa nahromadia. Preto v každom okamihu musíme zostávať v pravde.

5. Kultivácia

Kultivácia ľudstva zahŕňa všetky procesy Božieho stvorenia ľudskej bytosti na tejto planéte a riadenia ľudských dejín až do súdneho dňa za účelom získania pravých detí.

Kultivácia je proces, kedy poľnohospodár seje semená a ťažkou prácou zberá úrodu z vypestovaných plodín. Na tejto zemi Boh tiež zasial prvé semeno s názvom Adam a Eva, aby v námahe získal úrodu pravých detí pestovaním na tejto zemi. Boh už odpradávna vykonáva kultiváciu ľudských bytostí. Boh vopred vedel, že ľudia budú skazení neposlušnosťou a On bude zarmútený. Ale On kultivuje ľudstvo až do konca, pretože vie, že medzi nimi budú pravé deti, ktoré láskou k Bohu odhodia všetko zlé, a ktoré budú mať Božie srdce.

Ľudia sú stvorení z prachu zeme, a preto majú podstatu charakteristickú pre pôdu. Ak zasejete semená na poli, semená vyklíčia, vyrastú a prinesú ovocie. Môžeme vidieť, že pôda má silu vytvoriť nový život. Charakter pôdy sa tiež mení podľa toho, čo do nej pridáte. Je to rovnaké s ľuďmi. Tí, ktorí sa často nahnevajú, budú mať vo svojej podstate viac hnevu. Tí, ktorí často klamú, tam budú mať viac lži. Keď sa Adam dopustil hriechu, on a jeho potomkovia sa stali telesnými ľuďmi a veľmi rýchlo sa poškvrnili nepravdou.

Z tohto dôvodu ľudia musia kultivovať svoje srdce a skrze

„kultiváciu ľudstva" obnoviť duchovné srdce. Konieckoncov, dôvodom, prečo sú ľudia kultivovaní na tejto zemi, je kultivácia ich srdca a obnovenie čistého srdca, ktoré mal Adam pred pádom. V Biblii nám Boh ponúka podobenstvo, ktoré je spojené s kultiváciou, takže môžeme pochopiť Jeho prozreteľnosť kultivácie ľudstva (Mt 13; Mk 4; Lk 8).

V Mt 13 Ježiš prirovnáva srdce ľudí k ceste, k skalnatej pôde, k tŕnistému poľu a k dobrej pôde. Mali by sme zistiť, aký druh pôdy máme vo svojom srdci a obrábať ju dovtedy, kým nedosiahneme dobrú pôdu, ktoré si praje Boh.

Štyri druhy pôdy srdca

Prvý druh, cesta, je stvrdnutá pôda, po ktorej dlhú dobu chodia ľudia. V skutočnosti nie je pôdou a nevyklíči tu žiadne semeno. Nie je tu žiaden život.

Cesta v duchovnom zmysle odkazuje na srdce tých, ktorí vôbec neprijímajú evanjelium. Ich srdce je ich egom a pýchou také zatvrdilé, že semeno evanjelia nebude zasiate. V Ježišovej dobe boli židovskí vodcovia takí tvrdohlaví vo vlastnom názore a tradíciách, že odmietli Ježiša a evanjelium. Dnes tí, ktorí majú srdce ako cestu, sú takí tvrdohlaví, že ich myseľ zostáva zatvorená a odmietajú evanjelium, aj keď vidia Božiu moc.

Cesta je veľmi tvrdá a semená nemôžu do pôdy preniknúť. A tak prilietajú vtáky a semená zjedia. Tu vtáky predstavujú satana. Satan berie Božie slovo, aby ľudia nemali žiadnu vieru. Prichádzajú do kostola na silné naliehanie ľudí, ale nechcú veriť hlásanému Božiemu slovu. Radšej odsudzujú kňaza alebo posudzujú posolstvá podľa vlastných predstáv. Tí, ktorí majú zatvrdilé srdce a neotvoria svoju myseľ, nemôžu byť spasení, pretože semeno Slova nemôže priniesť žiadne ovocie.

Druhý druh, skalnatá pôda, je o niečo lepší ako cesta. Človek so srdcom ako cesta nemá v úmysle prijať Božie slovo, ale človek so srdcom ako skalnatá pôda po vypočutí chápe Jeho slovo. Ak zasejete semená do skalnatej pôdy, niektoré semená vyklíčia, ale nemôžu dobre rásť. Mk 4, 5-6 hovorí: *„Druhé padlo na skalnatú pôdu, kde nemalo veľa zeme, a hneď vzišlo, lebo nebolo hlboko v zemi; ale keď vyšlo slnko, zahorelo, a pretože nemalo koreňa, uschlo."*

Tí, ktorí majú srdce ako skalnatú pôdu, chápu Božie slovo, ale nemôžu ho prijať s vierou. Mk 4, 17 hovorí: *„ale nemajú v sebe koreňa, sú chvíľkoví. Keď potom nastane pre slovo súženie alebo prenasledovanie, hneď odpadnú."* Tu „slovo" predstavuje Božie slovo, ktoré nám hovorí nasledujúce: „Dodržiavajte Pánov deň svätý, dávajte desiatky, neuctievajte modly, slúžte druhým a buďte pokorní." Keď si vypočujú Božie slovo, myslia si, že ho budú dodržiavať, ale keď čelia ťažkostiam, nedokážu toto rozhodnutie nasledovať. Radujú sa, keď dostanú Božiu milosť, ale v ťažkostiach veľmi skoro zmenia svoj postoj. Počuli Božie slovo a poznajú ho, ale nemajú silu ho dodržiavať, pretože Jeho slovo nebolo v ich srdci zasiate ako pravá viera.

Tretí druh je srdce ako tŕnisté pole, a tí, ktorí ho majú, chápu

Božie slovo a začínajú ho aj dodržiavať. Ale nemôžu Božie slovo dodržiavať v plnom rozsahu a neprinášajú žiadne krásne ovocie. Mk 4, 19 hovorí: „*ale potom sa vlúdia svetské starosti, klam bohatstva a všelijaké iné žiadostivosti, slovo udusia a ostane bez úžitku.*"

Tí, ktorí majú takéto srdce, zdajú sa byť dobrými veriacimi, ktorí dodržiavajú Božie slovo, ale stále čelia skúškam a testom a ich duchovný rast je pomalý. Je to preto, že nezažili skutočné diela Boha, pretože sú oklamaní starosťami sveta, zradnosťou bohatstva a túžbou po ďalších veciach. Predpokladajme, napríklad, že ich podnik skrachoval a hrozí im väzenie. Ak im situácia umožní zbaviť sa dlhu len s trochou vynaliezavosti, satan ich bude cez to pokúšať, a je pravdepodobné, že budú v pokušení. Boh im môže pomôcť iba vtedy, keď kráčajú po ceste spravodlivosti, bez ohľadu na to, aké je to ťažké. No oni podľahnú pokúšaniu satana.

Aj keď chcú Božie slovo dodržiavať, nemôžu ho dodržiavať s vierou, pretože ich mysle sú plné ľudských myšlienok. Modlia sa, že všetko odovzdávajú do Božích rúk, ale v skutočnosti ako prvé používajú vlastné skúsenosti a teórie. Na prvé miesto kladú vlastné plány, a preto sa im nedarí, aj keď sa spočiatku zdá, že všetko ide dobre. Jak 1, 8 hovorí, že sú to ľudia s rozpoltenou mysľou.

Keď vidíme len tŕňové výhonky, nezdá sa, že by mohli ublížiť. Ale keď vyrastú, situácia bude úplne iná. Vytvoria ker a zabránia rastu ostatných dobrých semien. Preto, ak existuje niečo, čo nám

65

bráni v poslušnosti k Božiemu slovu, musíme to ihneď odstrániť, aj keď sa to zdá byť triviálne.

Štvrtým druhom je dobrá pôda, ktorá je úrodnou pôdou a je poľnohospodárom dobre zoraná. Stvrdnutá zem je zoraná a skaly a tŕne sú odstránené. To znamená, že nerobíte veci, ktoré Boh zakazuje a odstraňujete to, čo nám Boh prikazuje odstrániť. Nie sú tam žiadne kamene alebo iné prekážky, a tak, keď do nej padá Božie slovo, prináša 30, 60 alebo 100-násobnú úrodu. Takí ľudia budú dostávať odpovede na všetky modlitby.

Zistiť, do akej miery sme sa priblížili k srdcu s dobrou pôdou, môžeme podľa toho, ako dobre dodržiavame Božie slovo. Čím lepšiu pôdu ste si vypestovali, tým ľahšie je pre vás žiť podľa Božieho slova. Niektorí ľudia poznajú Jeho slovo, ale nedokážu podľa neho žiť kvôli únave, lenivosti, nepravdivým myšlienkam a túžbam. Tí, ktorí majú srdce ako dobrá pôda, nemajú takéto prekážky, takže chápu a dodržiavajú Božie slovo, akonáhle ho počujú. Keď si raz uvedomia, čo je Božia vôľa, a čo Boha potešuje, jednoducho to konajú.

Pri kultivácii srdca začnete mať radi tých, ktorých ste predtým nenávideli. Dokážete odpustiť tým, ktorým ste predtým nedokázali odpustiť. Závisť a odsudzovanie sa premení na lásku a milosrdenstvo. Povýšenecká myseľ sa zmení na pokoru a službu ostatným. Odhodiť zlo obrezaním srdca znamená kultivovať srdce, aby bolo dobrou pôdou. Ak potom semeno Božieho slova padá do srdca s dobrou pôdou, vyklíči a rýchlo vyrastie a bude hojne prinášať deväť ovocí Ducha Svätého a ovocie Svetla.

Keď vaše srdce zmeníte na dobrú pôdu, môžete zhora dostať duchovnú vieru. Môžete sa tiež horlivo modliť, aby na vás zostúpila Božia moc, jasne ste počuli hlas Ducha Svätého a plnili Božiu vôľu. Takí ľudia sú druhom ovocia, ktoré chce Boh prostredníctvom kultivácie ľudstva dosiahnuť.

Charakter nádoby: pôda srdca

Dôležitým prvkom v kultivácii srdca je charakter nádoby. Charakter nádoby súvisí s charakteristikou materiálu nádoby. Hovorí nám, ako človek počúva Božie slovo, zachováva ho vo svojom srdci a dodržiava ho. Biblia porovnáva nádoby zo zlata, striebra, dreva a z hliny (2 Tim 2, 20-21).

Všetci ľudia počúvajú rovnaké Božie slovo, ale každý ho počuje inak. Niektorí ho prijímajú jednoduchým „Amen", zatiaľ čo iní ho nechajú prekĺznuť pomedzi prsty kvôli rozporu s ich myšlienkami. Niektorí ho počúvajú s vážnym srdcom a snažia sa ho dodržiavať, iní sa ním cítia požehnaní, ale čoskoro ho zabúdajú.

Tieto rozdiely pochádzajú z rozdielov v charaktere nádoby. Ak sa sústredíte na Božie slovo, ktoré počujete, bude zasiate vo vašom srdci inak ako v prípade, keď Jeho slovo počúvate ospalí a nesústredení. Aj keď budete počúvať rovnaké posolstvo, výsledok bude veľmi odlišný medzi jeho zachovávaním v hĺbke srdca a nesústredeným vypočutím.

Sk 17, 11 hovoria: *„A tí boli šľachetnejší ako tamtí v Solúne. Oni prijímali slovo s veľkou dychtivosťou a každý deň skúmali Písma, či je to naozaj tak."* A Hebr 2, 1 nám hovorí: *„Preto musíme dávať tým väčší pozor na to, čo sme počuli, aby nás nestrhol prúd mimo."*

Ak usilovne počúvate Božie slovo, zachovávate ho v srdci a dodržiavate ho také, aké je, môžeme povedať, že charakter vašej nádoby je dobrý. Tí, ktorí majú dobrý charakter nádoby, sú Božiemu slovu poslušní, a tak môžu rýchlo kultivovať svoje srdce na dobrú pôdu. Keď majú v srdci dobrú pôdu, je prirodzené, že budú Božie slovo zachovávať v hĺbke srdca a dodržiavať ho.

Dobrý charakter nádoby pomáha kultivovať dobrú pôdu a dobrá pôda tiež pomáha kultivovať dobrý charakter nádoby. Ako je uvedené v Lk 2, 19: *„Ale Mária zachovávala všetky tieto slová vo svojom srdci a premýšľala o nich."* Panna Mária bola dobrou nádobou na zachovávanie Božieho slova v srdci a získala požehnanie počať Ježiša skrze Ducha Svätého.

1 Kor 3, 9 hovorí: *„Lebo my sme Boží spolupracovníci a vy ste Božia roľa a Božia stavba."* Sme pole, ktoré Boh kultivuje. Ak budeme počúvať Božie slovo, v srdci ho zachovávať a dodržiavať, môžeme mať čisté a dobré srdce ako dobrá pôda a dobrú nádobu ako zlatá nádoba a môžeme byť použití na vznešené Božie účely.

Charakter srdca: Veľkosť nádoby

Je tu aj ďalšie poňatie v súvislosti s charakterom nádoby. Je o tom, ako intenzívne človek zväčšuje a používa svoje srdce. Charakter nádoby je o materiáli nádoby, zatiaľ čo charakter srdca je o veľkosti nádoby. Môžeme ho rozdeliť na štyri typy.

Prvou kategóriou sú tí, ktorí robia viac, ako majú robiť. To je najlepší charakter srdca. Napríklad, rodičia požiadajú svoje deti, aby zodvihli zo zeme odpadky. A deti nielen zodvihnú odpadky, ale tiež vyčistia miestnosť. Prekračujú očakávania rodičov, a tak rodičom spôsobujú radosť. Štefan a Filip boli len diakoni, ale boli takí verní a svätí ako apoštoli. Boli potešením v Božích očiach, prejavovali veľkú moc a vykonávali veľké divy a zázraky.

Druhou kategóriou sú tí, ktorí robia len to, čo majú robiť. Takí ľudia vykonávajú svoju povinnosť, ale nezáleží im na ostatných ľuďoch alebo na ich okolí. Ak rodičia deti požiadajú, aby zodvihli odpadky, zodvihnú ich. Môžu byť za poslušnosť pochválené, ale pre Boha nebudú veľkou radosťou. Niektorí veriaci v kostole tiež patria do tejto kategórie, jednoducho plnia svoje povinnosti a nestarajú sa o nič iné. Takí ľudia nemôžu byť v Božích očiach veľkým potešením.

Tretiu kategóriu tvoria tí, ktorí s pocitom povinnosti robia to, čo musia robiť. Svoje povinnosti neplnia s radosťou a vďačnosťou, ale so sťažnosťami a reptaním. Takí ľudia sú vo všetkom negatívni a sú skúpi obetovať samých seba a pomáhať ostatným. Ak majú pridelené nejaké povinnosti, vykonajú ich s pocitom povinnosti, ale je pravdepodobné, že ostatným ľuďom budú spôsobovať ťažkosti. Boh sa pozerá na naše srdce. Je rád, keď plníme svoje povinnosti slobodnou vôľou v láske k Bohu, namiesto núteného pocitu alebo zmyslu pre povinnosť.

Štvrtou kategóriou sú tí, ktorí konajú zlo. Takí ľudia nemajú žiadny zmysel pre zodpovednosť alebo povinnosť. Ani sa nestarajú o ostatných. Trvajú na vlastných myšlienkach a teóriach, a ostatným spôsobujú ťažkosti. Ak sú takí ľudia pastormi alebo predstaviteľmi, ktorí sa starajú o členov cirkvi, nemôžu sa o nich starať s láskou, a preto strácajú duše alebo spôsobujú, že tieto duše zakopnú. Pri nemilých výsledkoch budú vždy zvaľovať vinu na ostatných, a nakoniec prestanú vykonávať svoje povinnosti. Preto je lepšie, ak im nie sú udelené žiadne povinnosti.

Teraz poďme zistiť, aký druh charakteru srdca máme my. Aj keď naše srdce nie je dostatočne široké, môžeme ho zmeniť na väčšie srdce. Aby sme to dokázali, musíme si jednoducho posvätiť srdce a mať dobrý charakter nádoby. Nemôžeme mať dobrý charakter srdca so zlým charakterom nádoby. Ak sa každej povinnosti obetujeme s oddanosťou a vášňou, je to tiež spôsob kultivácie dobrého charakteru srdca.

Tí, ktorí majú dobrý charakter srdca, môžu pred Bohom robiť veľké veci a vzdávať Mu veľkú slávu. To bol prípad Jozefa. Jozef bol bratmi predaný do Egypta a stal sa otrokom Potífara, kapitána telesnej stráže faraóna. Ale on nad svojím životom nenariekal, aj keď bol predaný za otroka. Plnil si svoju povinnosť tak verne, že si získal dôveru svojho pána a bola mu zverená celá domácnosť. Neskôr bol krivo obvinený a uväznený, ale bol rovnako verný ako predtým, a nakoniec sa stal vládcom celého Egypta. Zachránil krajinu a jeho rodinu pred veľkým suchom a položil základy na vznik izraelskej krajiny. Ak by nemal dobrý charakter srdca, urobil by iba to, čo mu pán pridelil. Bol by zomrel ako otrok v Egypte alebo vo väzení. Ale Boh Jozefa použil, pretože v Božích očiach robil v každej situácii len to najlepšie a konal so širokým srdcom.

Pšenica alebo plevy?

Už od Adamovho pádu Boh kultivuje ľudské bytosti v tomto fyzickom priestore. Keď nadíde čas, On oddelí pšenicu od pliev, pšenicu zhromaždí v nebeskom kráľovstve a plevy spáli v pekle. Mt 3, 12 hovorí: „*V ruke má vejačku, vyčistí si humno, pšenicu si zhromaždí do sýpky, ale plevy spáli v neuhasiteľnom ohni.*"

Pšenica sa tu vzťahuje na tých, ktorí milujú Boha a dodržiavajú Jeho slovo, aby žili v pravde. Naopak, tí, ktorí nežijú podľa Božieho slova, ale podľa zla a nie podľa pravdy, a tí, ktorí neprijímajú Ježiša Krista a páchajú skutky tela, patria medzi plevy.

Boh chce, aby sa všetci ľudia stali pšenicou a získali spasenie (1 Tim 2, 4). Je to také isté, ako túžba poľnohospodára získať úrodu zo všetkých semien, ktoré zasial. Ale v čase zberu sú vždy plevy a rovnako nie každý človek sa kultiváciou ľudstva stane pšenicou, ktorá môže byť spasená.

Ak nepochopíte túto skutočnosť v kultivácii ľudstva, môžete si klásť otázku: „Hovorí sa, že Boh je láska, tak prečo by niekoho spasil a iných nechal ísť cestou smrti?" Ale o spáse každého človeka Boh nerozhoduje na základe vlastných pocitov. Je to na slobodnej vôli každého človeka. Každý, kto žije vo fyzickom priestore, si musí zvoliť buď cestu do neba, alebo do pekla.

Ježiš v Mt 7, 21 povedal: „*Nie každý, kto mi hovorí: ,Pane, Pane,' vojde do nebeského kráľovstva, ale iba ten, kto plní vôľu môjho Otca, ktorý je na nebesiach.*" A v Mt 13, 49-50: „*Tak bude aj na konci sveta: vyjdú anjeli, oddelia zlých od spravodlivých a hodia ich do ohnivej pece. Tam bude plač a škrípanie zubami.*"

Tu „spravodliví" predstavujú veriacich. To znamená, že Boh oddelí plevy od pšenice medzi veriacimi. Aj napriek tomu, že prijali Ježiša Krista a chodili do kostola, sú stále zlí, ak nenasledujú Božiu vôľu. Sú to len plevy, ktoré musia byť hodené do pekelného ohňa.

Boh nás prostredníctvom Biblie učí o srdci Boha Stvoriteľa, prozreteľnosti kultivácie ľudstva a o pravom zmysle života. Chce, aby sme boli dobrou nádobou s bezúhonným srdcom a stali sa pravými Božími deťmi – pšenicou v nebeskom kráľovstve. Ale koľko ľudí nasleduje nezmyselné veci tohto sveta, ktorý je plný hriechu a bezprávia? Je to preto, lebo sú riadení dušou.

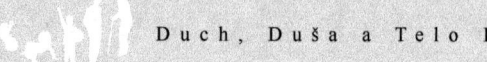

Časť 2

Vznik duše

(Funkcia duše vo fyzickom priestore)

Odkiaľ pochádzajú ľudské myšlienky?

Prosperuje moja duša?

„Boríme všetky výmysly a každú pýchu,
čo sa dvíha proti poznaniu Boha.
Pútame každú myseľ, aby bola poslušná Kristovi,
a sme pripravení potrestať každú neposlušnosť,
kým nebude vaša poslušnosť úplná."
- 2 Kor 10, 5-6

Kapitola 1
Vznik duše

Odkedy duch človeka zomrel, počas života
vo fyzickom priestore sa pánom človeka stala duša.
Duša sa dostala pod vplyv satana a ľudia začali mať rôzne funkcie duše.

1. Definícia duše

2. Rôzne funkcie duše vo fyzickom priestore

3. Temnota

Divy Božieho stvorenia vidíme vtedy, keď také tvory ako netopiere, nájdu korisť vydávaním vysokofrekvenčného zvuku; losos a iné vtáctvo cestujú tisícky kilometrov, aby sa vrátili k miestu ich narodenia a miestu rozmnožovania, a ďatle, ktoré ďobnú do dreva takmer tisíckrát za jednu minútu. Ľudia sú stvorení, aby si všetko toto podmanili. Fyzický vzhľad človeka nie je taký silný ako leví alebo tigrí. Ich zvukové alebo čuchové zmysly nie sú také dobré ako u psov. Ale aj napriek tomu sa nazývajú pánmi všetkého tvorstva.

Je to preto, lebo majú ducha a rozum s mozgom na vyššej úrovni. Ľudia majú inteligenciu a môžu rozvíjať vedu a civilizáciu, aby nad všetkým vládli. Toto je mysliaca časť človeka, ktorá je spojená s „dušou".

1. Definícia duše

Pamäťové bunky v mozgu, poznanie uložené v pamäti a myšlienky pochádzajúce z používania poznania, sa spolu nazývajú „duša".

Dôvodom, prečo musíme jasne pochopiť vzťah ducha, duše a tela, je správne pochopenie funkcií duše. Takýmto spôsobom môžeme obnoviť funkciu duše, po ktorej Boh túži. Aby sme sa vyhli ovládaniu satanom skrze našu dušu, naším pánom musí byť duch, ktorý bude vládnuť nad našou dušou.

Slovník *Merriam-Webster's dictionary* definuje „dušu" ako „nehmotnú esenciu, oživenie princípu alebo ovládanie príčiny života človeka; duchovný princíp zakotvený v ľuďoch, všetkých rozumných a duchovných bytostiach alebo vo vesmíre". Ale biblický význam duše je iný.

V ľudskom mozgu Boh vytvoril pamäťové bunky. Funkciou mozgu je pamätanie si veci. Týmto spôsobom môžu ľudia ukladať poznanie v pamäti a následne ho vybrať. Ak je určité poznanie z pamäte opäť získané, nazýva sa to „myšlienka". Presnejšie, myšlienka je načítanie a spomenutie si na veci, ktoré boli uložené v pamäti. Pamäťové bunky, poznanie v nich uložené a načítanie tohto poznania, sa ako celok nazývajú „duša".

Duša človeka môže byť prirovnaná k ukladaniu dát, ich vyhľadávaniu a využívaniu v počítači. Ľudia majú dušu, takže si môžu pamätať a myslieť, a tak je duša pre ľudí rovnako dôležitá ako srdce.

Podľa toho, koľko dát človek videl, počul a uložil, a ako dobre si pamätá a využíva tieto dáta, vzniká jeho pamäť a inteligencia, ktorá je odlišná od pamäte a inteligencie ostatných ľudí. Inteligenčný kvocient alebo IQ je väčšinou rozhodnutý dedičnosťou, ale môže sa zmeniť získanými prvkami, ako je štúdium a skúsenosti. Aj keď sú dve osoby narodené s rovnakou úrovňou IQ, ich IQ sa môže odlišovať v závislosti na tom, ako veľmi sa snažia.

Význam funkcie duše

Funkcia duša sa odlišuje v závislosti od druhu obsahu, ktorý vkladáme do pamäťových buniek. Ľudia vidia, počujú a cítia veci, a mnoho z tých vecí si pamätajú každý deň. Neskôr si tieto veci pamätajú pri plánovaní budúcnosti alebo na odôvodnenie a rozlišovanie medzi dobrom a zlom.

Telo je ako nádoba, ktorá obsahuje ducha a dušu. Duša hrá dôležitú úlohu pri formovaní charakteru, osobnosti a štandardov úsudku človeka prostredníctvom funkcie „myslenia". Úspech či neúspech človeka je značne závislý od funkcií duše človeka.

Poviem vám príhodu, ktorá sa odohrala v roku 1920 v malej dedinke s názvom Kodamuri, ktorá sa nachádza 110 km juhozápadne od Kalkaty v Indii. Pastor Singh a jeho manželka tam boli misionármi a od miestnych obyvateľov počuli o príšerách žijúcich s vlkmi v jaskyni, ktoré vyzerali ako ľudské bytosti. Keď pastor Singh tieto príšery chytil, boli to dve ľudské dievčatá.

Podľa časopisu, ktorý si pastor Singh nechal, dievčatá mali iba ľudský vzhľad. Celé ich správanie bolo vlčie. Jedno z nich zomrelo skoro a druhé dievča s menom Gamara žilo so Singhom a jeho manželkou deväť rokov a potom zomrelo na otravu krvi nazvanej urémia.

Gamara celý deň presedela v tmavej miestnosti tvárou k stene bez akéhokoľvek pohybu – driemala. Ale v noci sa plazila okolo domu a zavýjala tak hlasno, ako skutoční vlci v diaľke. Jedlo lízala bez použitia rúk. Behala po štyroch používaním rúk ako vlčie laby. Ak sa k nej priblížili nejaké deti, zavrčala na nich s vycerenými zubami a odišla.

Singhovci sa snažili, aby z tohto vlčieho dievčaťa urobili skutočného človeka, ale nebolo to ľahké. Až po troch rokoch sa vedela najesť rukami a po piatich rokoch začala vyjadrovať svalmi tváre smútok alebo radosť. Emócie, ktoré Gamara dokázala vyjadriť v čase, keď zomrela, boli veľmi základné, boli podobné ako u psov, ktorí vrtia chvostom na vyjadrenie radosti, keď sa stretnú s pánom.

Tento príbeh nám hovorí, že ľudská duša má priamy vplyv na robenie ľudí ľuďmi. Gamara vyrastala vidiac správanie vlkov. Vzhľadom k tomu, že si do pamäte nemohla vložiť poznanie potrebné pre ľudské bytosti, jej duša sa nemohla vyvíjať. Keďže vyrastala medzi vlkmi, nemohla sa správať inak ako vlk.

Rozdiel medzi ľuďmi a zvieratami

Ľudia sa skladajú z ducha, duše a tela. Najdôležitejší z nich je duch. Duch človeka je daný od Boha, ktorý je duch, a nikdy nezanikne. Telo zomrie a vráti sa späť do hŕstky prachu, ale duch a duša zostávajú a idú buď do neba, alebo do pekla.

Keď Boh stvoril zvieratá, nevdýchol im dych života ako do ľudských bytostí, a tak sa zvieratá skladajú iba z tela a duše. Aj zvieratá majú v mozgu pamäťové bunky. Môžu si spomenúť na to, čo v priebehu života videli a počuli. Ale pretože nemajú ducha, nemajú duchovné srdce. To, čo vidia a počujú, je uložené iba v pamäťových častiach mozgových buniek.

Kaz 3, 21 hovorí: *„Kto vie, či sa dych života Adamových synov vznáša k výsostiam a dych života zvierat zostupuje zasa dolu k zemi?"* Tento verš spomína „dych človeka". Slovo „dych", ktoré predstavuje dušu človeka, je použité preto, lebo v starozákonných časoch pred Ježišovým príchodom na túto zem, duch, ktorý v ľuďoch zostal, bol „mŕtvy". Preto, či už boli spasení, alebo nie, keď zomreli, hovorilo sa, že ich „dych" alebo „duša" ich opustili. Dych človeka „vznášajúci sa k výsostiam" znamená, že ich duša nezmizne, ale ide buď do neba, alebo do pekla. Na druhej strane, dych zvierat zostupuje dolu k zemi, čo znamená, že zaniká. Mozgové bunky zvierat odumierajú spolu so zvieratami a zaniká aj obsah ich mozgu. Ich duša už nemá žiadnu funkciu. V niektorých mýtoch alebo príbehoch čierne mačky alebo hady vykonávajú pomstu voči ľuďom, ale takéto príbehy by nemali byť považované za pravdivé.

Zvieratá majú funkciu duše, ale je to len obmedzená funkcia, ktorá je nevyhnutná pre ich prežitie. Je to výsledok inštinktu. Inštinktívne majú strach zo smrti. Môžu sa stať rezistentní alebo prejavovať strach, ak sú v ohrození, ale nikdy nemôžu vykonať pomstu. Zvieratá nemajú ducha, takže nikdy nemôžu hľadať Boha. Premýšľajú ryby pri plávaní o spôsobe, ako sa stretnúť s Bohom? Človek má však úplne iný rozmer funkcie duše, ktorá je oveľa zložitejšia ako u zvierat. Ľudia majú schopnosť premýšľať o veciach, ktoré nie sú iba inštinktívnymi myšlienkami na prežitie. Môžu zdokonaľovať civilizácie, premýšľať o zmysle života, alebo rozvíjať filozofické alebo náboženské myslenie.

Ľudia majú funkcie duše vyššieho rozmeru, pretože okrem tela a duše sú tiež obdarení duchom. Dokonca aj ľudia, ktorí neveria v Boha, majú ducha. To do istej miery vysvetľuje, prečo môžu nejasne cítiť prítomnosť duchovnej ríše a majú pocit strachu zo života po smrti. S duchom, ktorý je mŕtvy, sú úplne riadení dušou. Riadení dušou sa dopúšťajú hriechov a ako výsledok idú nakoniec do pekla.

Človek duše

Keď bol Adam stvorený, bol duchovnou bytosťou, ktorá komunikovala s Bohom. Menovite, jeho duch bol jeho pánom a duša bola sluhom ducha a podliehala mu. Samozrejme, že aj vtedy mala duša funkciu pamätať si a myslieť, ale pretože neexistovala žiadna nepravda alebo zlé myšlienky, duša iba nasledovala pokyny ducha, ktorý dodržiaval Božie slovo. Ale potom, čo Adam jedol zo stromu poznania dobra a zla a jeho duch zomrel, stal sa človekom duše, ktorá bola riadená satanom. Začal do nej vkladať myšlienky a skutky nepravdy. Ľudia sa postupne vzdiaľovali od pravdy, pretože ich dušu ovládal satan a viedol ich na cestu nepravdy. Preto ľuďmi duše sú tí, ktorých duch zomrel a od Boha nemôžu získať žiadne poznanie ducha. Ľudia duše, ktorých duch zomrel, nemôžu získať spasenie. Bol to prípad Ananiáša a Zafiry v ranej cirkvi. Verili v Boha, ale nemali pravú vieru. Boli podnecovaní satanom, aby klamali Duchu Svätému a Bohu. Čo sa s nimi stalo?

Sk 5, 4-5 hovoria: *„Neluhal si ľuďom, ale Bohu! Len čo Ananiáš počul tieto slová, padol a skonal; a všetkých, čo to počuli, zmocnil sa veľký strach."*

Keďže je napísané „skonal", môžeme usudzovať, že nebol spasený. Naopak, Štefan bol duchovným človekom, ktorý poslúchal Božiu vôľu. Jeho láska bola dostatočne veľká na to, aby sa modlil za tých, ktorí ho kameňovali. Pri mučení odovzdal svojho „ducha" do rúk Pána.

Sk 7, 59 hovoria: *„Štefana kameňovali a on sa modlil: „Pane Ježišu, prijmi môjho ducha."* On dostal Ducha Svätého, pretože prijal Ježiša Krista a jeho duch ožil, a tak sa modlil: „...prijmi môjho ducha!" To znamená, že bol spasený. V Biblii je verš, ktorý hovorí „život", namiesto „duša" alebo „duch". Keď Eliáš oživil dieťa vdovy zo Sarepty, verš hovorí, že do dieťaťa sa vrátil život. *„Pán vyslyšal Eliášov hlas, chlapcov život sa vrátil* *do jeho tela a ožil"* (1 Kr 17, 22).

Ako už bolo spomenuté, v starozákonných dobách ľudia nedostávali Ducha Svätého, a tak ich duch nemohol byť obnovený. Preto Biblia nehovorí „duch", aj keď bolo dieťa spasené.

Prečo Boh prikázal zničiť všetkých Amalekitov?

Keď synovia Izraela vyšli z Egypta a kráčali ku Kanaánskej krajine, do cesty sa im postavila armáda Amalekitov. Nebáli sa Boha, ktorý bol so synmi Izraela, ani keď počuli o veľkých Božích skutkoch uskutočnených v Egypte. Zaútočili na synov Izraela a na ich voje, ktorí sa oneskorili pre únavu, keď boli zmorení hladom a námahou (Dt 25, 17-18).

Boh prikázal kráľovi Šaulovi, aby kvôli tomu zničil všetkých Amalekitov (1 Sam 15). Boh mu prikázal, aby zabil všetkých mužov, ženy a deti, mladých aj starých, a dokonca aj dobytok.

Ak ducha nechápeme, nemôžeme pochopiť ani takýto príkaz. Mohli by ste sa čudovať: „Boh je dobrý a je láska. Prečo by vydal takýto príkaz na kruté zabíjanie ľudí, ako keby boli zvieratá?"

Ale ak ste pochopili duchovný význam tejto udalosti, potom môžete pochopiť, prečo to Boh prikázal. Zvieratá majú tiež pamäť, takže keď sú vycvičené, pamätajú si to a nasledujú príkazy pánov. Ale pretože nemajú ducha, vrátia sa späť do hrsti prachu. V Božích očiach nemajú žiadnu hodnotu. A rovnako aj ľudia, ktorých duchovia sú mŕtvi, a ktorí nemôžu byť spasení, pôjdu do pekla, a ako bezduché zvieratá v Božích očiach tiež nemajú žiadnu hodnotu. Amaleki boli veľmi ľstiví a krutí. Bez ohľadu na to, o koľko viac času by dostali, nemali by žiadne väčšie šance na obrátenie sa a konanie pokánia. Ak tam bol niekto, kto bol spravodlivý alebo niekto, kto mal možnosť k pokániu alebo k odvráteniu sa od svojich ciest, Boh by sa ho snažil zachrániť všetkými možnými prostriedkami. Spomeňte si na sľub Boha, že nezničí hriechom preplnenú Sodomu a Gomoru, ak sa v meste nájde aspoň desať spravodlivých ľudí.

Boh je plný milosti a nie je vznetlivý. Ale Amaleki nemali vôbec žiadnu šancu získať spásu, bez ohľadu na to, koľko času by dostali. Neboli pšenicou, ale plevami, ktoré mali byť zničené. To je dôvod, prečo Boh prikázal zničiť všetkých Amalekitov, ktorí stáli proti Bohu.

Kaz 3, 18 hovorí: *„Vo svojom srdci som rozmýšľal (ďalej): ‚Čo sa týka Adamových synov, Boh ich (tak) skúša, aby bolo vidno, že sami osebe sú, (tvormi) ako zvieratá.'"* Keď ich Boh skúšal, nelíšili sa od zvierat. Tí, ktorých duchovia sú mŕtvi, fungujú iba s dušou a telom, a tak sa správajú rovnako ako zvieratá. Samozrejme, že v dnešnom svete preplnenom hriechom existuje veľa ľudí, ktorí sú ešte horší ako zvieratá. Je zrejmé, že nemôžu byť spasení. Na jednej strane, zvieratá zomrú a pominú sa. Na druhej strane, ak ľudia nie sú spasení, musia ísť do pekla. A nakoniec sú na tom ďaleko horšie ako zvieratá.

2. Rôzne funkcie duše vo fyzickom priestore

V pôvodnom človeku bol pánom človeka duch, ale kvôli Adamovmu hriechu jeho duch zomrel. Duchovná energia z neho začala unikať a nahradila ju telesná energia. Vtedy sa začala funkcia duše, ktorá patrí nepravde.

Existujú dva druhy funkcie duše. Jedna funkcia patrí telu a druhá duchu. Keď bol Adam žijúci duch, dostával iba pravdu priamo od Boha. Týmto spôsobom mala jeho duša iba funkcie patriace duchu. Menovite, tieto funkcie duše patrili pravde. Ale keď jeho duch zomrel, funkcie duše začali patriť nepravde.

Lk 4, 6 hovorí: „*a diabol mu vravel: 'Dám ti všetku ich moc a slávu, lebo som ju dostal a dám ju komu chcem.'*" To je scéna, v ktorej diabol pokúšal Ježiša. Diabol povedal, že dostal moc a nie, že ju mal od začiatku. Adam bol stvorený ako pán všetkého tvorstva, ale stal sa otrokom diabla, keď prijal hriech. Z tohto dôvodu bola Adamova moc odovzdaná diablovi a satanovi. Od tej doby sa duša stala pánom človeka a všetci ľudia sa dostali pod vládu nepriateľa diabla a satana.

Satan nemôže vládnuť nad duchom alebo pravdivým srdcom človeka. Ovláda dušu ľudí, aby získal ich srdce. Satan vkladá do ľudských myšlienok rôzne druhy neprávd. Do akej miery riadi funkcie duše ľudí, do takej miery môže ovládať ľudské srdce.

Keď bol Adam žijúci duch, mal iba poznanie pravdy, a tak jeho srdce bolo jeho duchom. Ale pretože komunikácia s Bohom bola nemožná, už nemohol dostávať poznanie pravdy alebo duchovnú energiu. Namiesto toho prijal poznanie nepravdy, ktorú dostával od satana skrze dušu. Toto poznanie nepravdy vytvorilo v ľudských srdciach srdce nepravdy.

Zničiť funkcie duše patriace telu

Už ste niekedy otvorene vyslovili slová alebo urobili niečo, o čom vám nikdy nenapadlo, že vyslovíte alebo urobíte? Je to preto, lebo ľudia sú riadení dušou. Vzhľadom k tomu, že duša pokrýva ducha, náš duch bude aktívny iba vtedy, keď zničíme funkcie duše, ktoré patria telu. Ako teda môžeme zničiť funkcie duše, ktoré patria telu? Najdôležitejšie je to, aby sme uznali, že naše poznanie a myšlienky nie sú pravdivé. Až potom budeme pripravení prijať Slovo pravdy, ktoré sa odlišuje od našich vlastných myšlienok.

Ježiš používal podobenstvá na zničenie zlých myšlienok ľudí (Mt 13, 34). Nemohli pochopiť duchovné veci, pretože ich semená života udusila duša, a tak sa Ježiš snažil, aby ich pochopili prostredníctvom podobenstiev používaním vecí tohto sveta. Ale ani farizeji, ani Jeho učeníci Mu nerozumeli. Všetko si vysvetľovali na základe štandardu vlastných myšlienok a telesných myšlienok nepravdy, a tak nemohli pochopiť nič duchovné.

Úradníci tej doby odsúdili Ježiša za to, že vyliečil chorého človeka v sobotu. Ak sa nad tým zamyslíte zdravým rozumom, môžete vidieť, že Ježiš je človek, ktorý je uznávaný a milovaný

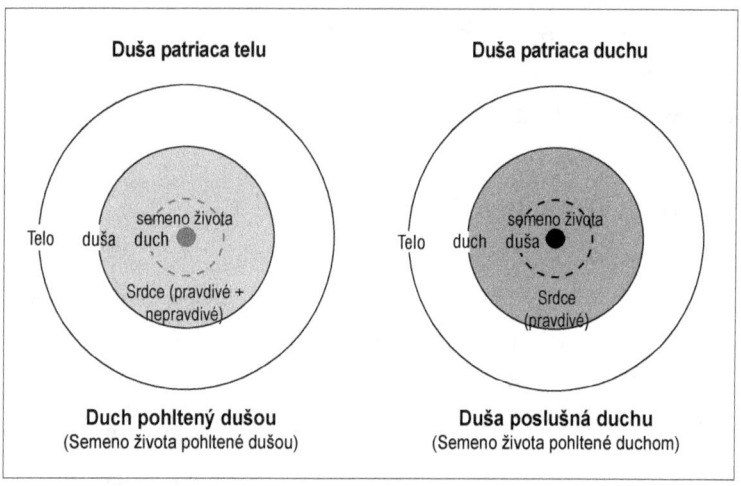

Duša patriaca telu

Duša patriaca duchu

Telo | duša | semeno života duch

Srdce (pravdivé + nepravdivé)

Telo | duch | semeno života duša

Srdce (pravdivé)

Duch pohltený dušou
(Semeno života pohltené dušou)

Duša poslušná duchu
(Semeno života pohltené duchom)

Bohom, pretože preukazoval moc, ktorú môže vykonávať iba Boh. Ale títo úradníci nemohli pochopiť Božie srdce kvôli tradícii starších a vlastným mentálnym hraniciam. Ježiš sa snažil, aby pochopili vlastné zlé myšlienky a chápanie.

Lk 13, 15-16 hovorí: „*Pán mu odpovedal:* ‚*Pokrytci! Neodväzuje každý z vás v sobotu svojho vola alebo osla od jasieľ a nevodí ho napájať? A túto Abrahámovu dcéru, ktorú satan držal osemnásť rokov spútanú, nebolo treba vyslobodiť z tohoto puta hoci aj v sobotu?* ‚*"*

Ako to povedal, všetci Jeho odporcovia sa cítili ponížene a celý dav sa radoval nad všetkými nádhernými vecami, ktoré vykonával. V skutočnosti mali možnosť pochopiť ich nesprávne mentálne hranice. Ježiš sa snažil zničiť myšlienky ľudí, pretože srdcia by dokázali otvoriť len vtedy, keď budú zničené ich myšlienky.

Pozrime sa na Zjv 3, 20, ktoré znie:

Hľa, stojím pri dverách a klopem. Kto počúvne môj
hlas a otvorí dvere, k tomu vojdem a budem s ním
večerať a on so mnou.

V tomto verši „dvere" symbolizujú bránu myšlienok,
menovite „dušu". Pán klope na dvere našich myšlienok Slovom
pravdy. Ak vtedy otvoríme dvere našich myšlienok, to znamená,
keď zničíme našu dušu a prijmeme Pánovo slovo, dvere nášho
srdca sa otvoria. Ak takýmto spôsobom Jeho Slovo príde do
nášho srdca, začneme Božie slovo dodržiavať. To znamená
„večerať" s Pánom. Ak prijmeme Jeho Slovo jednoduchým
„Amen", aj keď Jeho slovo nie je v súlade s našimi myšlienkami
alebo teóriami, potom môžeme zničiť nepravdivé funkcie duše.

Ako už bolo vysvetlené, najprv musíme otvoriť dvere našich
myšlienok, a potom dvere nášho srdca, aby sa tak evanjelium
mohlo dotknúť semena života, ktoré je obklopené dušou ľudí.
Je to podobné ako hosť, ktorý navštívi dom niekoho iného. Aby
hosť, ktorý je vonku pred domom, stretol hostiteľa, musí otvoriť
hlavnú bránu, vojsť dnu, a tiež otvoriť dvere verandy, aby sa
dostal do obývacej izby.

Existuje mnoho spôsobov, ako zničiť funkcie duše, ktoré
patria telu. Aby ľudia otvorili dvere svojich myšlienok a srdce na

prijatie evanjelia, niektorí potrebujú logické vysvetlenie, zatiaľ čo iným je potrebné ukázať Božiu moc alebo dať dobré alegórie či podobenstvá. Tí, ktorí už prijali evanjelium, musia pri raste vo viere neprestajne ničiť nepravdivé funkcie duše. Existuje mnoho veriacich, ktorí nepokračujú v raste vo viere a v duchu. Dôvodom je chýbajúce trvalé duchovné pochopenie, pretože funkcie ich duše patria telu.

Vznik spomienok

Aby sme mali požadované funkcie duše, musíme vedieť, ako sa vkladané vedomosti menia na spomienky. Častokrát sme videli alebo počuli niečo, z čoho si neskôr sotva niečo pamätáme. Naopak, niektoré veci si pamätáme tak jasne, že ich nezabudneme ani po dlhej dobe. Tento rozdiel spôsobuje metóda použitá na vkladanie informácií do našej pamäte.

Prvý spôsob vkladu do pamäte je nedbalé všimnutie. Niečo vidíme alebo počujeme, ale nevenujeme tomu žiadnu pozornosť. Predpokladajme, že sa vlakom vraciate do rodného mesta. Vidíte polia pšenice a ďalších plodín. Ale ak ste zaujatí inými myšlienkami, po príchode do rodného mesta si nedokážete spomenúť na to, čo ste z vlaku videli. A tak aj študenti, ktorí počas hodiny snívajú s otvorenými očami, si nemôžu spomenúť na to, o čom bola hodina.

Druhým spôsobom je momentálna pamäť. Keď za oknom

vidíte polia pšenice, môžete to spojiť s myšlienkou na rodičov. Premýšľate o svojom otcovi, ktorý je poľnohospodár a neskôr si dokážete matne spomenúť na to, čo ste videli. Aj v triede si študenti môžu len matne spomenúť na obsah výkladu učiteľa. Dokážu si na to spomenúť hneď po hodine, ale o pár dní neskôr to zabudnú.

Tretím druhom je vloženie do pamäte. Ak ste poľnohospodárom, tak pri pohľade na polia pšenice a ďalších plodín, budete pozorne sledovať to, čo vidíte. Starostlivo sa budete pozerať na to, ako dobre je o polia postarané, alebo ako sú postavené skleníky, a budete to chcieť použiť aj na svojom poli. Dávate pozor a dobre to vložíte do mozgu, aby ste si na detaily dokázali spomenúť, aj keď dorazíte do rodného mesta. Predpokladajme, že učiteľ v triede povie: „Hneď po tejto hodine bude test. Za každú nesprávnu odpoveď sa vám odráta päť bodov." Študenti sa pravdepodobne pokúsia sústrediť a zapamätať si inštrukcie z hodiny. Tento druh pamäte bude trvať relatívne dlhšie ako predchádzajúce typy.

Štvrtým druhom je vloženie do mozgu a do srdca. Predpokladajme, že sa pozeráte na smutný film. Vcítite sa do hercovej situácie a príbeh vás natoľko pohltí, že tiež plačete. V takom prípade by príbeh nebol vložený len do pamäte, ale aj do srdca. Presnejšie, do srdca je vložený pocitmi a do mozgových buniek spomienkou. Všetko, čo je pevne vložené do pamäte a do srdca, zostáva, pokiaľ nie sú mozgové bunky poškodené. A aj keď je mozog poškodený, čo je v srdci, zostáva navždy.

Ak by bolo malé dieťa svedkom smrti vlastnej matky pri dopravnej nehode, bolo by v obrovskom šoku. V tomto prípade bude táto scéna a smutné pocity vložené do jeho srdca. Bude to vložené do jeho pamäte a aj do srdca, preto bude pre neho ťažké zabudnúť. Pozreli sme sa na štyri metódy pamätania si. Ak to dobre pochopíme, pomôže nám to riadiť funkcie duše.

Veci, ktoré chcete zabudnúť, no neustále sa vám pripomínajú

Niekedy sa nám neustále pripomínajú veci, ktoré si nechceme pamätať. Prečo je to tak? Dôvodom je to, že sú uložené v mozgu aj v srdci spolu s emóciami.

Predpokladajme, že niekoho nenávidíte. Kedykoľvek si na neho spomeniete, trpíte kvôli nenávisti, ktorú voči nemu pociťujete. V takomto prípade musíte najprv premýšľať o Božom slove. Boh nám hovorí, aby sme milovali aj svojich nepriateľov a Ježiš sa modlil za odpustenie pre tých, ktorí Ho prenasledovali. Druh srdca, ktoré si Boh želá, je dobrota a láska, takže musíme zničiť nepravdivé srdce dané nepriateľským diablom a satanom.

Ak sa pozrieme na základnú príčinu, vo väčšine prípadoch si uvedomíme, že ostatných nenávidíme z triviálneho dôvodu. Môžeme si uvedomiť, prečo nekonáme podľa Božieho slova, ak sa nad sebou zamyslíme podľa 1 Kor 13, ktorý hovorí, že sa musíme usilovať o prospech druhých, byť mierni a mať pochopenie pre ostatných. Keď si uvedomíme, že nekonáme spravodlivo, nenávisť v našom srdci postupne zmizne. Ak v prvom rade cítime a vkladáme iba dobrotu, nebudeme trpieť zlými myšlienkami. Aj keď iní ľudia urobia niečo, čo sa vám nebude páčiť, nebudete voči nim cítiť nenávisť, pokiaľ budú vaše pocity založené na dobrotivom myslení, ako napr.: „Určite na to majú dôvod."

Musíme vedieť, čo je vkladané spolu s nepravdou

Čo máme teda urobiť s nepravdou, ktorú sme v nás už uložili spolu s nepravdivými pocitmi?

Ak je niečo vložené do hĺbky srdca, bude sa vám to pripomínať, aj keď sa nebudete vedome snažiť na to myslieť. V takom prípade by sme mali zmeniť pocity spojené s danou vecou. Radšej zmeniť myšlienku, ako sa snažiť na to nemyslieť. Napríklad, môžete zmeniť myšlienku na niekoho, koho nenávidíte. Môžete začať myslieť z jeho uhla pohľadu a pochopiť, že tak konal v dôsledku jeho situácie.

Ďalej môžete myslieť na jeho dobré vlastnosti a modliť sa za neho. Keď sa s ním budete snažiť hovoriť vľúdnymi a potešujúcimi slovami, obdarujte ho niečím malým a preukážte skutky lásky, a tak sa pocit nenávisti zmení na pocit lásky. Potom už viac nebudete trpieť, keď si na neho spomeniete.

Keď som predtým, než som prijal Pána, sedem rokov ležal na nemocenskom lôžku, nenávidel som veľa ľudí. Neexistoval pre mňa žiaden liek a stratil som všetky nádeje na život. Zväčšili sa iba dlhy a moja rodina bola takmer na dne. Moja žena musela zarábať na živobytie a moji príbuzní nemali o moju rodinu záujem, pretože sme pre nich boli príťažou. Dobré vzťahy medzi mojimi bratmi boli tiež zničené. V tej dobe som myslel len na moju ťažkú situáciu a bol som na nich nahnevaný, pretože ma opustili. Cítil som hnev voči manželke, pretože sa často zbalila a odišla, a voči jej rodinným príslušníkom, ktorí tvrdými slovami zraňovali moje city. Kedykoľvek som videl, ako sa na mňa dívajú s opovrhnutím v očiach, moja nenávisť a hnev vzrástli. Ale jedného dňa všetok ten hnev a nenávisť zmizli.

Keď som prijal Pána a počúval Božie slovo, uvedomil som si moju chybu. Boh nám hovorí, aby sme milovali aj svojich nepriateľov a dal Jeho jednorodeného Syna ako zmiernu obetu za nás. Ale čo som to bol za človeka, že som v sebe mal hnev a nenávisť! Začal som premýšľať z ich pohľadu. Predpokladajme, že mám sestru, ktorá mala nekompetentného manžela. Musela pracovať veľmi tvrdo, aby zarobila na živobytie. Čo by som si myslel o celej situácii? Keď som začal premýšľať z ich pohľadu, začal som ich chápať a uvedomil som si, že všetka vina bola na mne.

Keď som zmenil svoje myslenie, rodine mojej manželky som začal byť vďačný. Niekedy nám dali trochu ryže alebo iné potreby, a bol som za to vďačný. Prostredníctvom týchto ťažkých časov som prijal Pána a dozvedel sa o nebi, a za to som bol tiež vďačný. Keď som zmenil svoj postoj, bol som rád, že som ochorel, a že som stretol moju ženu. Všetka moja nenávisť sa premenila na lásku.

Funkcie duše patriace nepravde

Ak máte funkcie duše, ktoré patria nepravde, môžete škodiť nielen sebe, ale aj ľuďom okolo vás. Takže sa teraz poďme pozrieť na obvyklé prípady funkcií duše patriacich nepravde, ktoré môžeme ľahko nájsť v našom každodennom živote.

Po prvé, je to nesprávne chápanie ostatných alebo nebyť schopný ostatných pochopiť alebo prijať.

Ľudia majú rôzne chute, hodnoty a chápanie toho, čo je správne. Niektorí ľudia majú radi brilantné, jedinečné strihy oblečenia, zatiaľ čo iným sa páčia jednoduché a úhľadné strihy. Dokonca aj rovnaký film sa niektorým ľuďom zdá zaujímavý a iným nudný.

Kvôli týmto rozdielom mávame určitý druh nepríjemných pocitov voči ostatným, ktorí sú iní ako my, bez toho, aby sme si to uvedomovali. Jeden človek má otvorenú povahu a priamo rozpráva o tom, čo nemá rád. Ďalší človek nedokáže veľmi dobre vyjadriť pocity a trvá mu dlho, kým o niečom rozhodne, pretože podrobne zvažuje všetky možnosti. Na jednej strane, prvému človeku sa tento druhý zdá byť pomalý alebo nedostatočne agilný. Na druhej strane, druhému človeku sa ten prvý zdá príliš prudký a trochu agresívny a vyhýba sa mu.

Rovnako ako vo vyššie uvedenom prirovnaní, je to funkcia duše patriaca nepravde, ak nedokážeme ostatných pochopiť alebo prijať. Ak máme radi len to, čo sa nám páči, a ak si myslíme len to, čo sa zdá z nášho pohľadu správne, potom nemôžeme ostatných skutočne pochopiť alebo prijať.

Po druhé, je to súdenie.

Súdiť znamená dospieť k záveru o osobe alebo veci na základe vlastných rámcov myslenia alebo pocitov. V niektorých krajinách je neslušné vysmrkať sa pri jedálenskom stole. V iných krajinách je to úplne v poriadku. V niektorých krajinách považujú za neslušné mrhať jedlom, zatiaľ čo v iných krajinách je to prijateľné, a dokonca je gestom zdvorilosti na tanieri nejaké jedlo nechať.

Jeden človek videl druhého jesť rukami, a tak sa ho opýtal, či nie je nehygienické jesť rukami. On mu odpovedal: „Umyl som si ruky, a tak viem, že to je hygienické. Ale neviem, aká čistá je táto vidlička alebo nôž. Preto je moja ruka hygienickejšia.“ Podľa toho, v akom prostredí sme vyrastali, a čo sme sa naučili, sa budú pocity a myšlienky odlišovať aj pri rovnakej situácii. Preto nesmieme súdiť medzi dobrom a zlom na základe ľudského štandardu, ktorý nie je pravdou.

Niektorí ľudia robia úsudky mysliac si, že aj iní robia to isté. Tí, ktorí klamú, si myslia, že aj ostatní ľudia klamú. Tí, ktorí radi ohovárajú, si myslia, že aj ostatní robia to isté. Predpokladajme, že ste videli ako muž a žena, ktorých dobre poznáte, stoja spolu v hoteli. Potom možno vynesiete rozsudok, ako napr.: „Musia byť v hoteli spolu. Zdalo sa mi, že sa na seba pozerali zvláštnym spôsobom." Ale nemôžete vedieť, či sa muž a žena stretli v hotelovej kaviarni alebo sa stretli náhodou na ulici. Ak nad nimi vynesiete rozsudok a odsúdite ich a takúto vec rozšírite medzi ostatnými, títo ľudia môžu utrpieť veľkú krivdu, ujmu alebo stratu kvôli nepravdivej klebete.

Irelevantné odpovede tiež pochádzajú zo súdenia. Ak sa niekoho spýtate, ako často do práce mešká: „O koľkej si dnes prišiel?" Mohol by povedať: „Dnes som nemeškal." Vy ste sa ho opýtali iba na to, o koľkej prišiel, ale on si hneď myslel, že ste ho posudzovali, a tak vám dal úplne irelevantnú odpoveď. 1 Kor 4, 5 hovorí: *„Preto nesúďte nič predčasne, kým nepríde Pán. On osvetlí, čo je skryté v tme, a vyjaví úmysly sŕdc. Vtedy každý dostane pochvalu od Boha."*

Na svete je mnoho súdenia a odsudzovania, a to nielen na úrovni jednotlivcov, ale aj na úrovni rodín, spoločnosti, politiky, a dokonca aj krajín. Takéto zlo spôsobuje iba spor a prináša nešťastie. Ľudia žijú s rozsiahlym súdením ostatných, ale vôbec si to neuvedomujú. Niekedy sú možno ich rozsudky správne, ale vo väčšine prípadoch nie sú. Aj keď majú pravdu, samotné súdenie je zlo a je Bohom zakázané, a preto nesmieme nikoho súdiť.

Po tretie, je to odsudzovanie

Ľudia nielen súdia druhých na základe vlastných presvedčení, ale ich aj odsudzujú. Niektorí ľudia trpia nesmiernymi duševnými bolesťami v dôsledku nepriateľských komentárov na internete. Súdenie a odsúdenie často prebieha v našom každodennom živote. Ak popri vás bez pozdravu niekto prejde, odsúdite ho, pretože ho považujete za vinného, mysliac si, že vás zámerne ignoruje. Možno to bolo preto, lebo vás nespoznal alebo bol zaujatý inými myšlienkami, ale vy ho jednoducho odsúdite na základe vlastných pocitov.

To je dôvod, prečo nás Jak 4, 11-12 varuje:

> *„Bratia, neosočujte jeden druhého. Kto osočuje brata alebo svojho brata posudzuje, osočuje zákon a odsudzuje zákon. Ale ak odsudzuješ zákon, nie si plniteľ zákona, ale sudca. Jeden je zákonodarca a sudca, ktorý môže spasiť i zahubiť. Ale kto si ty, že súdiš blížneho?"*

Súdiť alebo odsudzovať ostatných je arogantné konanie so snahou byť ako Boh. Takí ľudia už odsúdili samých seba. Ešte vážnejším problémom je súdiť alebo odsudzovať duchovné veci. Niektorí ľudia súdia a odsudzujú mocné Božie skutky alebo Božiu prozreteľnosť na základe vlastných myšlienok a poznatkov.

Ak niekto povie: „Modlitbou som bol uzdravený z

nevyliečiteľnej choroby!" Potom tí, ktorí majú dobré srdce, mu uveria. Ale iní budú súdiť to, čo bolo povedané, mysliac si: „Ako sa môže len modlitbou vyliečiť choroba? Určite to bola nesprávna diagnóza alebo si jednoducho myslí, že sa mu stav zlepšil." Iní ho môžu dokonca odsúdiť, tvrdiac, že klame. Súdia a odsudzujú dokonca aj verše v Biblii o rozdelení Červeného mora, zastavení slnka a mesiaca a premenení horkej vody na sladkú, hovoriac, že sú to len mýty.

Niektorí ľudia hovoria, že veria v Boha, a predsa súdia a odsudzujú diela Ducha Svätého. Ak niekto povie, že jeho duchovné oči boli otvorené a videl duchovnú ríšu, alebo že komunikuje s Bohom, ostatní trúfalo tvrdia, že klame, a že je to mysticizmus. Takéto diela sú zaznamenané v Biblii, ale oni odsudzujú tieto veci na základe vlastného presvedčenia.

V Ježišovej dobe bolo mnoho takýchto ľudí. Keď Ježiš uzdravil chorého človeka v sobotu, mali sa zamerať na skutočnosť, že skrze Ježiša sa prejavila Božia moc. Keby to nebolo v súlade s Božou vôľou, takéto dielo by sa skrze Ježiša nikdy nemohlo uskutočniť. Ale farizeji súdili a odsúdili Ježiša, Syna Božieho, na základe vlastného chápania a presvedčenia. Ak súdite a odsudzujete Božie diela, aj keď je to preto, že nepoznáte pravdu veľmi dobre, je to stále vážny hriech. Musíte byť veľmi opatrní, pretože nebudete mať šancu na pokánie, ak stojíte proti, hovoríte proti alebo rúhate sa Duchu Svätému.

Štvrtou funkciou duše patriacej nepravde je odovzdávať chybný alebo nesprávny odkaz

Keď odovzdávame odkaz, máme tendenciu vkladať doň vlastné pocity a myšlienky, a tak je odkaz skreslený. Aj keď odovzdávame úplne rovnaký odkaz, pôvodný význam odkazu môže byť zmenený výrazmi tváre a tónom hlasu. Napríklad, keď na niekoho zavoláme rovnakým slovom, napríklad, „hej!" s priateľským a jemným hlasom, a zavoláme na neho hrubým a nahnevaným hlasom, má to úplne iný význam. Navyše, ak namiesto pôvodných slov použijeme vlastné slová, pôvodný význam je často skreslený.

Takéto príklady nájdeme v našom každodennom živote, ako aj zveličovanie alebo skracovanie toho, čo bolo povedané. Niekedy kontext úplne zmeníme. „Nie je to pravda?" sa stáva „Je to pravda, však?" A „Plánujeme ..." alebo „Možno..." sa stáva „Vyzerá to, že pôjdeme...."

Ale ak máme pravdivé srdce, neskresľujeme informácie vlastnými spôsobmi myslenia. Odkazy odovzdávame s väčšou presnosťou podľa miery, do akej sme sa zbavili zlých sŕdc a zlých vlastností, ako napr., hľadanie vlastného prospechu, nesnaženia sa byť presný, príliš rýchle súdenie a rozprávanie zle o druhých. Jn 21, 18 je Slovom Pána Ježiša o Petrovom mučeníctve. Hovorí: „*Veru, veru, hovorím ti: Keď si bol mladší, sám si sa opásal a chodil si, kade si chcel. Ale keď zostarneš, vystrieš ruky, iný ťa opáše a povedie, kam nechceš.*"

Potom sa Peter zo zvedavosti opýtal Ježiša na Jána: „*Pane, a čo bude s týmto?"* (v 21) Ježiš mu odpovedal: *„Ak chcem, aby zostal, kým neprídem, čo teba do toho? Ty poď za mnou!"* (v 22) Ako si myslíte, že bol tento odkaz odovzdaný ostatným učeníkom? Biblia hovorí, že povedali, že učeník nezomrie. Ježiš mal na mysli to, že Petra sa netýka, čo bude s Jánom, aj keby Ján žil až dovtedy, kým sa Pán nevráti. Ale učeníci odovzdali úplne nesprávny odkaz pridaním vlastných myšlienok.

Piatou funkciou sú negatívne emócie alebo zlé pocity

Pretože máme zlé telesné pocity ako sú sklamanie, zranenie našej pýchy, žiarlivosť, hnev a nevraživosť, máme kvôli nim nepravdivé funkcie duše. Dokonca aj pri vypočutí rovnakého slova sa naša reakcia odlišuje v závislosti od našich pocitov.

Predpokladajme, že šéf spoločnosti povie zamestnancovi poukazujúc na jeho chybu: „Nemohol by si urobiť tú prácu lepšie?" Niektorí ľudia by to prijali s pokorou a úsmevom a odpovedali by: „Áno, budem sa snažiť, aby som to nabudúce urobil lepšie." Ale tí, ktorí počuli sťažnosti na šéfa, môžu sa nahnevať alebo sa im poznámka nebude páčiť. Môžu si myslieť: „Musí hovoriť takýmto zlým spôsobom?" alebo „A čo on? Nerobí ani svoju vlastnú prácu poriadne."

Alebo vám šéf povie: „Podľa mňa by bolo lepšie, keby si opravil túto časť týmto spôsobom." Niektorí z vás to jednoducho príjmu a povedia: „To je tiež dobrý nápad. Ďakujem vám za radu," a vezmete jeho radu do úvahy. Ale niektorí ľudia sa v takejto situácii cítia nepohodlne a ich pýcha je zranená. Kvôli týmto zlým pocitom sa niekedy sťažujú, mysliac si: „Snažila som sa zo všetkých síl, aby som urobila túto prácu dobre, tak ako mi môže tak ľahko povedať niečo také? Ak je taký schopný, prečo to neurobí sám?"

V Biblii čítame o tom, ako Ježiš napomínal Petra (Mt 16, 23). Keď nadišiel čas, aby Ježiš niesol kríž, oznámil učeníkom, čo sa má stať. Peter nechcel, aby jeho pán tak veľmi trpel a povedal: *„Nech ti je milostivý Boh, Pane! To sa ti nesmie stať!"* (v 22) Vtedy sa ho Ježiš nepokúšal utešiť slovami: „Viem, ako sa cítiš. Som ti za to vďačný. Ale musí sa to stať." Ale namiesto toho ho pokarhal: *„Choď mi z cesty, satan! Na pohoršenie si mi, lebo nemáš zmysel pre Božie veci, len pre ľudské!"* (v 23)

Pretože sa cesta k spáse hriešnikov mohla otvoriť iba vtedy, ak Ježiš na seba vzal utrpenie kríža, zabránenie tomu by bolo to isté ako bránenie Božej prozreteľnosti. Ale Peter voči Ježišovi neprechovával žiadne zlé pocity či sťažnosti, pretože veril, že to, čo Ježiš povedal, malo určitý zmysel. S touto dobrotou srdca sa Peter neskôr stal apoštolom, ktorý vykonával skutky úžasnej Božej moci.

Čo sa naopak stalo s Judášom Iškariotským? V Mt 26 Mária z Betánie vyliala fľašu veľmi drahého parfému na Ježišove nohy. Podľa Judáša to bolo mrhanie. Povedal: *„ Veď sa to mohlo draho predať a rozdať chudobným"* (v 9). No v skutočnosti chcel tie peniaze ukradnúť.

Tu Ježiš vzdal chválu nad tým, čo v Božej prozreteľnosti urobila Mária, pretože to bola príprava na Jeho pohreb. Napriek tomu mal Judáš zlé pocity a sťažnosti voči Ježišovi, pretože Ježiš neposlúchol jeho slová. Nakoniec spáchal veľký hriech tým, že zradil a zapredal Ježiša.

Dnes má mnoho ľudí funkcie duše, ktoré nie sú pravdivé. Ale aj keď niečo uvidíme, nebudeme mať žiadne funkcie duše, pokiaľ o tom nemáme žiadne pocity. Keď niečo vidíme, musíme to jednoducho zastaviť na úrovni pohľadu. Nesmieme spustiť naše myšlienky na súdenie a odsúdenie, pretože to je hriech. Aby sme zostali v pravde, je lepšie nevidieť ani nepočuť nič, čo je nepravda. Ale aj keď sa kontaktu s nepravdou nemôžeme vyhnúť, môžeme v dobrote vytrvať, ak premýšľame a cítime v dobrote.

3. Temnota

Satan má rovnakú moc temnoty ako Lucifer a podnecuje ľudí,
aby mali zlé myšlienky a zlé srdce a konali zlo.

V skutočnosti sú to zlí duchovia, ktorí spôsobujú funkcie duše
patriace nepravde. Boh dovolil, aby existoval svet zlých duchov
na splnenie prozreteľnosti kultivácie ľudstva. Počas kultivácie
ľudstva majú moc nad vzduchom. Ef 2, 2 hovorí: *„ V ktorých ste
kedysi žili podľa ducha tohoto sveta, podľa kniežaťa vzdušnej
mocnosti, ducha, ktorý teraz pôsobí v neposlušných synoch. "*

Boh im dovolil vládnuť nad temnotou dovtedy, kým nebude
ukončená kultivácia ľudstva.

Títo zlí duchovia, ktorí patria temnote, klamú ľudí k
spáchaniu hriechov a povstaniu proti Bohu. Aj oni majú prísne
rozkazy. Ich vodca Lucifer ovláda temnotu, vydáva rozkazy a
riadi podriadených zlých duchov. Existuje mnoho ďalších bytostí,
ktoré pomáhajú Luciferovi. Sú to draci, ktorí majú praktickú moc
a ich anjeli (Zjv 12, 7). Ďalej je tam aj satan, diabol a démoni.

Lucifer, vodca sveta temnoty

Lucifer bol archanjel, ktorý chválil Boha krásnym hlasom
a hrou na hudobných nástrojoch. Keďže sa veľmi dlhú dobu
tešil z vysokého postavenia, moci a lásky Boha, nakoniec sa stal
arogantným a zradil Boha. Vtedy sa jeho krásny vzhľad zmenil

na odporný. Iz 14, 12 hovorí: „*Ako si padla z neba, žiarivá zornička! Zrazený si k zemi, čo si vládol nad národmi.*" Dnes, bez toho, aby si to ľudia uvedomovali, napodobňujú vzhľad Lucifera zvlástnymi účesmi a líčením. Vďaka trendu a móde sveta Lucifer ovláda myseľ a myšlienky ľudí podľa vlastnej vôle. Presnejšie, Lucifer výrazne vplýva na hudbu tohto sveta. Taktiež podnecuje ľudí k páchaniu hriechov a bezprávia prostredníctvom moderných vymožeností, vrátane počítačov. Klame zlých vládcov, aby sa postavili proti Bohu. Niektoré krajiny oficiálne kresťanstvo prenasledujú. To všetko sa deje na základe motivácie a podnecovania Lucifera.

Navyše, Lucifer láka ľudí rôznymi formami kúziel a mágie, ako aj šamanov a čarodejníkov, aby ho uctievali. Zo všetkých síl sa snaží priviesť do pekla čo i len jednu ďalšiu dušu a spôsobuje, že sa ľudia stavajú proti Bohu.

Draci a ich anjeli

Draci sú vodcami zlých duchov a sú na úrovni pod Luciferom. Ľudia si myslia, že drak je imaginárne zviera. Ale vo svete zlých duchov draci existujú. Sú však neviditeľní, pretože sú to duchovné bytosti. Rovnako ako vo väčšine bežných opisov drakov, majú rohy jeleňa, oči démonov a uši podobné dobytčím. Na koži majú šupiny a štyri končatiny. Sú to vlastne gigantické plazy.

Pri stvorení mali draci dlhé, krásne a obdivuhodné perie. Obkolesovali Boží trón. Bohom boli milovaní ako domáce zvieratá a prebývali v Božej blízkosti. Mali veľkú silu a moc a slúžilo im mnoho cherubov. Ale keď spolu s Luciferom zradili Boha, odvrátili sa aj ich anjeli a tiež sa postavili proti Bohu. Aj títo anjeli drakov majú príšerný vzhľad zvierat. Vládnu nad vzduchom spolu s drakmi a vedú ľudí k páchaniu hriechov a zla.

Lucifer je samozrejme na vrchole sveta zlých duchov, ale v praktickom slova zmysle dal moc drakom a ich anjelom, aby bojovali proti duchovných bytostiam, ktoré patria Bohu a vládli nad vzduchom. Už odpradávna draci lákali ľudí vyrábať alebo vyrezávali podoby a modely drakov, aby ich uctievali. Dnes niektoré náboženstvá otvorene uctievajú drakov a klaňajú sa im. Títo ľudia sú riadení drakmi.

Zjv 12, 7-9 hovorí o drakoch a ich anjeloch takto:

„Na nebi sa strhol boj: Michal a jeho anjeli bojovali proti drakovi. Bojoval drak i jeho anjeli, ale neobstáli a už nebolo pre nich miesto v nebi. A veľký drak, ten starý had, ktorý sa volá diabol a satan, čo zvádzal celý svet, bol zvrhnutý; zvrhnutý bol na zem a s ním boli zvrhnutí jeho anjeli. "

Draci pokúšajú zlých ľudí prostredníctvom ich anjelov. Takíto zlí ľudia sa nezdržia ani páchania takých ohavných zločinov ako je vražda a obchodovanie s ľuďmi. Anjeli drakov majú podoby zvierat, ktoré sú uvedené v knihe Levitikus ako odporné Bohu.

Zlo bude odhalené v rôznych podobách v závislosti od druhu zvieraťa, pretože každé zviera má iné vlastnosti, ako napríklad, krutosť, prefíkanosť, nečistota alebo promiskuita.

Lucifer pracuje skrze drakov a anjeli drakov pôsobia nasledujúc pokyny daných drakmi. Pri prirovnaní k nejakej krajine Lucifer by bol kráľ a draci predsedom vlády alebo generálnych veliteľom armády, ktorý praktizuje administratívnu kontrolu ministrov a vojakov. Keď draci pôsobia, nedostávajú zakaždým priamy rozkaz od Lucifera. Lucifer už zasadil v drakoch svoje myšlienky a myseľ, a tak, ak draci niečo urobia, je to automaticky v súlade so želaniami Lucifera.

Satan má srdce a silu Lucifera

Zlí duchovia môžu pôsobiť na ľudí do tej miery, že ich srdcia sú zafarbené temnotou, ale démoni alebo diabol nepokúšajú ľudí od začiatku. Spočiatku je to satan, ktorý na ľudí pôsobí, ďalším je diabol a poslednými sú démoni. Jednoducho povedané, satan je srdcom Lucifera. Zatiaľ ešte nemá hmotnú podobu, jednoducho pôsobí cez myšlienky ľudí. Satan má Luciferovu moc temnoty a ňou spôsobuje, že ľudia majú zlé myšlienky a myseľ na páchanie zla.

Vzhľadom k tomu, že satan je duchovná bytosť (Job 1, 6-7), pôsobí rôznymi spôsobmi podľa rôznych charakteristík temnoty, ktoré sa nachádzajú v človeku. V tých, ktorí klamú, pôsobí duchom klamstva (1 Kr 22, 21-23). V tých, ktorí radi spôsobujú rozpor tým, že popudzujú jednú stranu proti druhej, pôsobi presne takým duchom (1 Jn 4, 6). V tých, ktorí majú radi nečisté skutky tela, pôsobí duchom nečistoty (Zjv 18, 2).

Ako už bolo vysvetlené, Lucifer, draci a satan majú rôzne úlohy a rôzne podoby, ale majú jednu myseľ, jedno myslenie a jednu moc na vykonávanie zla. Teraz sa pozrieme na to, ako na ľudí pôsobí satan.

Satan je ako rádiová vlna, ktorý sa šíri vzduchom. Nepretržite šíri vzduchom svoju myseľ a moc. A rovnako, ako môžu byť rádiové vlny prijímané anténou naladenou na ich prijatie, myseľ, myšlienky a moc temnoty satana môžu byť prijímané tými, ktorí sú pripravení ich prijať. Anténa tu predstavuje nepravdu, temnotu, ktorá sa nachádza v srdci ľudí.

Napríklad, podstata nenávisti v srdci môže pôsobiť ako anténa na prijímanie rádiových vĺn nenávisti, ktoré sú satanom šírené vzduchom. Satan vkladá moc temnoty do ľudí prostredníctvom ľudských myšlienok, a to vtedy, akonáhle majú satanom vytvorené rádiové vlny temnoty a nepravdy v srdciach ľudí rovnakú frekvenciu a navzájom sa stretnú. Týmto spôsobom bude srdce nepravdy posilnené a stane sa aktívnym. Toto sa deje, keď hovoríme, že človek „prijíma diela satana," alebo že počuje hlas satana.

Keď týmto spôsobom počujú satanov hlas, budú páchať hriechy myšlienkami, ale tiež ich spáchajú aj skutkami. Ak také zlé vlastnosti ako nenávisť alebo závisť prijmú diela satana, budú chcieť ublížiť iným. Keď sa to ďalej rozvíja, môžu dokonca spáchať hriech vraždy.

Satan pôsobí prostredníctvom vchodu do myšlienok

Ľudia majú srdce pravdy a nepravdy. Keď prijmeme Ježiša Krista a staneme sa Božími deťmi, do nášho srdca prichádza Duch Svätý a pôsobí na naše srdce pravdy. To znamená, že z hĺbky našich sŕdc počujeme hlas Ducha Svätého. Naopak, satan pracuje zvonku, a preto potrebuje vchod na preniknutie do srdca ľudí. Týmto vchodom sú ľudské myšlienky.

Ľudia s pocitmi prijímajú to, čo vidia, počujú a učia sa a ukladajú to do mysle a do srdca. V správnych situáciach alebo okolnostiach budú tieto spomienky opäť vybraté. Toto je „myšlienka". Myšlienky sa líšia v závislosti od druhu pocitov, ktoré ste mali, keď ste si v pamäti niečo uložili. Aj v presne rovnakej situácii ich niektorí ľudia ukladajú iba v súlade s pravdou, a preto majú myšlienky pravdy, zatiaľ čo tí, ktorí ich ukladajú v nepravde, budú mať myšlienky nepravdy.

Väčšina ľudí sa neučí pravdu, ktorou je Božie slovo. To je dôvod, prečo majú v srdciach oveľa viac nepravdy ako pravdy. Satan motivuje a podnecuje takých ľudí, aby mali myšlienky nepravdy. Nazývame ich „telesnými myšlienkami". Keď ľudia prijímajú diela satana, nemôžu dodržiavať Boží zákon. Skrze hriech sú zotročení a nakoniec idú cestou smrti (Rim 6, 16; 8, 6-7).

Akým spôsobom získava satan kontrolu nad ľudským srdcom?

Všeobecne platí, že satan pracuje zvonku cez vchod do ľudských myšlienok, ale existujú aj výnimky. Napríklad, Biblia hovorí, že satan vošiel do Judáša Iškariotského, jedného z dvanástich učeníkov Pána Ježiša. Satan „vošiel do neho" tu znamená, že neustále prijímal diela satana, a nakoniec mu dal celé srdce. Týmto spôsobom bol v úplnom zajatí satana.

Judáš Iškariotský zažil úžasnú Božiu moc a pri nasledovaní Ježiša bol vyučovaný s dobrotou, ale pretože nezavrhol svoju chamtivosť, z pokladnice kradol Božie peniaze (Jn 12, 6). Tiež bol chamtivý v snahe získať veľkú česť a moc, keď Mesiáš Ježiš získa trón na tejto zemi. Ale skutočnosť bol iná ako to, čo očakával, a tak dovolil, aby boli jeho myšlienky, jedna po druhej, riadené satanom. Nakoniec bolo celé jeho srdce zajaté satanom a on zapredal svojho Majstra za tridsať strieborných. Hovoríme, že do človeka vošiel satan, keď má nad srdcom človeka úplnú kontrolu satan.

V Sk 5, 3 Peter povedal, že srdce Ananiáša a Zafiry bolo plné satana, ukryli časť peňazí, ktoré mali z predaja ich pozemku a klamali Duchu Svätému.

Peter to povedal, pretože už predtým tam bolo veľa podobných udalostí. Preto výrazy „satan vošiel" alebo „plný satana" znamenajú, že títo ľudia majú v srdci samotného satana a oni sami sa stanú satanovi podobnými. Duchovnými očami satan vyzerá ako tmavá hmla. Energia temnoty, ktorá je ako tmavý dym, je okolo tých ľudí, ktorí do značnej miery prijímajú diela satana. Aby sme neprijímali diela satana, musíme najprv odstrániť všetky myšlienky nepravdy. Okrem toho, musíme z nás odstrániť srdce nepravdy. To znamená, ‚že musíme odstrániť anténu, ktorá môže prijímať „rádiové vlny" satana.

Diabol a démoni

Diablom je časť anjelov, ktorí sa odvrátili spolu s Luciferom. Na rozdiel od satana majú určité podoby. Sú tmavej postavy a majú tvár, oči, nos, uši a ústa ako anjeli. Majú tiež ruky a nohy. Diabol vedie ľudí k páchaniu hriechov a privádza na nich rôzne testy a skúšky.

Ale to neznamená, že diabol vojde do ľudí, aby ich ovládal. Na základe satanových inštrukcií diabol ovláda ľudí, ktorí dali svoje srdce temnote a navádza ich k spáchaniu zlých skutkov, ktoré nie sú prijateľné. Ale niekedy diabol priamo ovláda niektorých ľudí ako svoj nástroj. Tí, ktorí zapredali svojho ducha diablovi, ako sú kúzelníci alebo veštci, sú riadení diablom, aby konali ako jeho nástroje. Pôsobia na ostatných ľudí, aby tiež vykonávali skutky diabla. Preto Biblia hovorí, že tí, ktorí sa dopúšťajú hriechov, patria diablovi (Jn 8, 44; 1 Jn 3, 8).

Jn 6, 70 hovorí: *„Ježiš im odpovedal: Nevyvolil som si vás Dvanástich?! A jeden z vás je diabol."* Ježiš hovoril o Judášovi Iškariotskom, ktorý neskôr Ježiša zradil. Takýto človek, ktorý sa stal otrokom hriechu a nemôže byť spasený, je synom diabla. Keď satan vošiel do Judáša a ovládal jeho srdce, Judáš spáchal skutky diabla, ktorými bolo zapredanie Ježiša. Diabol je niečo ako manažér strednej triedy, ktorý prijíma pokyny od satana, a zatiaľ čo riadi mnohých démonov, spôsobuje ľuďom mnoho chorôb a bolestí a vedie ich k pádu do čoraz väčšieho zla.

Satan, diabol a démoni podliehajú hierarchii. Veľmi úzko spolupracujú. Ako prvý pôsobí satan na nepravdivé myšlienky ľudí, aby tak otvoril cestu pre diablovo pôsobenie. Potom začína na ľudí pôsobiť diabol, aby spáchali skutky tela a iné diela diabla. Je to satan, ktorý pôsobí skrze myšlienky a je dielom diabla, aby ľudia vykonali tieto myšlienky v skutkoch. Navyše, keď zlé skutky presiahnu určitú hranicu, do takých ľudí čoskoro vojdú démoni. Akonáhle do ľudí vojdú démoni, strácajú slobodnú vôľu a stanú sa bábkami v rukách démonov.

Biblia naznačuje, že démoni sú zlí duchovia, ale odlišujú sa od padlých anjelov alebo Lucifera (Ž 106, 28; Iz 8, 19; Sk 16, 16-19, 1 Kor 10, 20). Démoni boli kedysi ľudskými bytosťami, ktorí mali ducha, dušu a telo. Niektorí ľudia, ktorí žili na tejto zemi a zomreli bez spasenia, prichádzajú znova na tento svet za určitých, osobitných podmienok, a stávajú sa démonmi. Väčšina ľudí nemá jasnú predstavu o svete zlých duchov. Ale zlí duchovia sa budú snažiť až do posledného dňa stanoveného Bohom, aby na cestu skazy zviedli čo i len jedného človeka.

Z tohto dôvodu 1 Pt 5, 8 hovorí: *„Buďte triezvi a bdejte! Váš protivník, diabol obchádza ako revúci lev a hľadá, koho by zožral.“* A Ef 6, 12 hovorí: *„Lebo nás nečaká zápas s krvou*

*a telom, ale s kniežatstvami a mocnosťami, s vládcami tohoto
temného sveta, so zloduchmi v nebeských sférach. "*

Musíme byť neustále v strehu a byť triezvi, pretože ak žijeme
spôsobom, kedy nás vedie temnota, neubránime sa padnutiu na
cestu smrti.

Kapitola 2
Vlastné ja

Presvedčenie o vlastnej pravde vzniká vtedy, keď sa učíme nepravdu sveta ako pravdu. Pri vzniku presvedčenia o vlastnej pravde, vzniká duševný systém. Tento vzniknutý duševný systém je systematickým utužovaním presvedčenia o vlastnej pravde človeka.

- Až kým sa nevytvorí „vlastné ja"

- Presvedčenie o vlastnej pravde a duševný systém

- Mať funkcie duše patriace pravde

- Každý deň zomieram

Stalo sa to predtým, než som prijal Pána. Každý deň som bojoval s chorobou a jedinou mojou zábavou bolo čítanie románov bojového umenia. Príbehy sú zvyčajne o vykonávaní pomsty. Typický dej vyzerá takto: keď je hrdina ešte len batoľa, jeho rodičia sú zavraždení nepriateľom. On za pomoci sluhu horkoťažko unikne smrti. Pri dospievaní sa stretne s majstrom bojových umení. Postupne sa on sám stane majstrom umenia a pomstí sa nepriateľovi za vraždu rodičov. Tieto romány hovoria, že je spravodlivé a hrdinské pomstiť sa, aj napriek riziku, že stratíte vlastný život. Ale učenie Ježiša v Biblii je iné ako toto svetské učenie.

Ježiš nás v Mt 5, 43-45 učí: *„Počuli ste, že bolo povedané: ,Milovať budeš svojho blížneho a nenávidieť svojho nepriateľa.' Ale ja vám hovorím: Milujte svojich nepriateľov a modlite sa za tých, čo vás prenasledujú, aby ste boli synmi svojho Otca, ktorý je na nebesiach. Veď on dáva slnku vychádzať nad zlých i dobrých a posiela dážď na spravodlivých i nespravodlivých."*

Život, ktorý som žil, bol dobrý a čestný. Väčšina ľudí by

povedalo, že som bol typom človeka, ktorý „nepotreboval zákon". Avšak, keď som prijal Pána a pozrel sa do seba skrze Božie slovo hlásané na stretnutí duchovnej obnovy, uvedomil som si, že v mojom spôsobe života bolo veľa vecí, ktoré neboli v poriadku. Veľmi som sa za seba hanbil, pretože som si uvedomil, že jazyk, ktorý som používal, moje správanie, myšlienky, a dokonca aj moje svedomie, boli zlé. Dôkladne som to pred Bohom oľutoval, pretože som si uvedomil, že som žil život, ktorý nebol vôbec spravodlivý.

Od tej doby som sa snažil uvedomovať si moje presvedčenie o vlastnej pravde a vlastný duševný systém a zničiť ich. Zničil som „vlastné ja", ktoré som si predtým vytvoril a považoval som ho za bezcenné. Čítaním Biblie som si na základe pravdy opäť vytvoril „vlastné ja". Bez prestania som sa postil a modlil, aby som z môjho srdca odhodil nepravdu. Ako výsledok som cítil, že moja zloba bola zničená a ja som začal počuť hlas Ducha Svätého a dostávať jeho rady.

Až kým sa nevytvorí „vlastné ja"

Ako si ľudia vytvárajú vlastné srdcia a stanovujú hodnoty? Na prvom mieste sú dedičné faktory. Deti sa podobajú na rodičov. Po rodičoch zdedia vzhľad, zvyky, osobnosti a iné genetické vlastnosti. V Kórei sa hovorí, že dostávame „krv rodičov". Ale v skutočnosti to nie je krv, ale životná energia alebo „chi". „Chi" je kryštaloid všetkej energie, ktorá pochádza z celého tela. Poznám rodinu, ktorej syn má nad perou veľké materské znamienko.

Jeho matka mala rovnaký druh materského znamienka na tom istom mieste, ale nechala si ho chirurgicky odstrániť. Aj keď si ho nechala odstrániť, jej syn to znamienko aj tak zdedil.

Spermie a vajíčka ľudských bytostí obsahujú životnú energiu. Obsahujú nielen fyzický vzhľad, ale tiež osobnosť, temperament, inteligenciu a návyky. Ak je otcovo chi silnejšie v čase počatia, dieťa sa bude podobať viac na otca. Ak je silnejšie matkine chi, potom sa bude dieťa podobať na matku. Toto robí srdce každého dieťaťa iným.

S rastom a dospievaním sa človek naučí veľa vecí, ktoré sa stávajú časťou pôdy srdca. Od piateho roku života si ľudia začínajú tvoriť „vlastné ja" na základe vecí, ktoré vidia, počujú a učia sa. V približne dvanástich rokoch vznikajú hodnoty štandardov posudzovania. Okolo osemnásteho roku sa „vlastné ja" človeka stáva pevnejším. Ale problém je v tom, že veľa nesprávnych vecí považujeme za pravdivé a pamätáme si ich ako pravdu.

Existuje mnoho nepravdivých vecí, ktoré sa na tomto svete učíme. Samozrejme v škole sme sa naučili veľa vecí, ktoré sú užitočné a potrebné pre naše životy, ale tiež nás učili veci, ktoré nie sú pravdou, ako napríklad, Darwinova teória evolucionizmu. Keď rodičia učia svoje deti, tiež ich učia nepravdu, ako keby to bola pravda. Predpokladajme, že dieťa bolo vonku a zbilo ho iné dieťa alebo deti. V zúfalstve rodičia povedia niečo ako: „Ješ trikrát denne, rovnako ako ostatné deti, tak by si mal byť silný, prečo ťa teda zbili? Ak ťa udrú raz, vráť im to dvakrát! Nemáš ruky a nohy ako všetky ostatné deti? Musíš sa naučiť postarať sa sám o seba."

S deťmi sa zaobchádza ponižujúcim spôsobom, ak ich kamaráti zbijú. Aký druh svedomia si tieto deti vytvoria? Pravdepodobne sa budú cítiť ako hlupáci a budú presvedčené, že je nesprávne nechať sa inými zbiť. Ak ich ostatní udrú raz, budú si myslieť, že majú právo vrátiť im to dvojnásobne. Inými slovami, uložia si niečo zlé ako dobro.

Ako učia deti rodičia, ktorí nasledujú pravdu? Najprv zistia, čo je vo veci a potom ich učia s dobrotou a pravdou, aby dosiahli pokoj, povedia niečo ako: „Zlatko, pokús sa ich pochopiť, dobre? Tiež sa zamysli nad tým, či si neurobil niečo zlé ty. Boh nám hovorí, aby sme zlo prekonávali dobrom."

Ak sú deti v každej situácii učené iba Božím slovom, sú schopné vytvoriť si dobré a správne svedomie. Ale vo väčšine prípadov rodičia učia svoje deti nepravde a klamstvám. Ak klamú rodičia, klamú aj ich deti. Predpokladajme, že telefón vyzváňa a dcéra ho zdvihne. Prikryje slúchadlo rukou, takže volajúci nemôže nič počuť. A povie: „Ocko, strýko Tom chce s tebou rozprávať." Otec dcére odpovie: „Povedz mu, že nie som doma."

Predtým, než dcéra otcovi telefón podá, skontroluje, či ho chce, pretože takýto incident sa v minulosti stával často. Ľudia sa počas ich rastu naučia mnohým nepravdivým veciam, a navyše, tieto nepravdivé veci rozvíjajú súdením a odsudzovaním na základe vlastných pocitov. Týmto spôsobom vzniká nepravdivé svedomie.

Navyše, väčšina ľudí sú egoisti. Hľadajú iba vlastný prospech a myslia si, že majú pravdu. Ak úmysel alebo myšlienky iných ľudí nie sú v súlade s ich vlastnými myšlienkami, myslia si, že ostatní ľudia sa mýlia. Ale ostatní ľudia myslia rovnakým spôsobom. Je ťažké dosiahnuť dohodu, keď všetci premýšľajú týmto spôsobom. To isté platí aj medzi ľuďmi, ktorí sú si blízki, ako napríklad, manželia alebo rodičia a deti. Väčšina ľudí si vytvára „vlastné ja" týmto spôsobom, a preto by človek nemal trvať na tom, že pravdu má len jeho „vlastné ja".

Presvedčenie o vlastnej pravde a duševný systém

Mnoho ľudí vytvára štandardy rozsudku a hodnotové systémy prostredníctvom funkcií duše patriacich nepravde. V dôsledku toho žijú podľa presvedčenia o vlastnej pravde a vlastných duševných systémoch. Okrem toho je toto presvedčenie tvorené nepravdami, ktoré prijímajú zo sveta a považujú za pravdu. Tí, ktorí majú takéto presvedčenie, budú na základe vlastných štandardov samých seba považovať nielen za spravodlivých, ale v ich presvedčení o vlastnej pravde sa tiež pokúsia vnútiť svoje názory a presvedčenie ostatným.

Keď je toto presvedčenie o vlastnej pravde upevnené, stáva sa systémom. Inými slovami, tento systém je systematicky vytvorená štruktúra presvedčenia človeka o vlastnej pravde. Tieto systémy sú založené na osobnosti, záľubách, správaniu, teóriach a myšlienkach každého človeka. Ak v situácii, kedy oba názory sú správne, trváte iba na jednom názore, a ak si tento názor upevňujete, stane sa vaším systémom. Potom vzniká tendencia byť zdvorilejší a súhlasiť s tými, ktorí majú podobné priority, osobnosť či preferencie, ale tiež je tam tendencia byť menej tolerantní k tým, ktorí s vami nesúhlasia. Dôvodom je vlastný duševný systém.

Tento druh systému sa môže prejaviť v našom každodennom živote v rôznych formách. Novomanželia sa môžu hádať kvôli triviálnym veciam. Manžel si myslí, že je správne, aby vytláčal zubnú pastu od konca, ale manželka ju vytláča z akéhokoľvek miesta. Ak v tejto situácii jeden z nich trvá na jeho spôsobe vytláčania, je pravdepodobné, že dôjde ku konfliktu. Konflikty vznikajú v dôsledku systémov v ich návykoch, ktoré sa medzi ľuďmi líšia.

Predpokladajme, že v podniku je zamestnanec, ktorý robí všetku svoju prácu úplne sám bez akejkoľvek pomoci. Niektorí ľudia majú vo zvyku robiť všetko sami, pretože vyrastali v náročnom prostredí a museli pracovať samostatne. Nie je to preto, že by boli arogantní. Preto, ak túto osobu odsúdite za arogantnú alebo za egoistickú, je to tiež nesprávne odsúdenie.

Vo väčšine prípadoch sú z hľadiska pravdy presvedčenie o vlastnej pravde a vlastné systémy mylné. Omyl vzniká v srdci nepravdy, ktoré ostatným nepomáha a usiluje sa o osobné výhody. Dokonca aj veriaci majú presvedčenie o vlastnej pravde a systémy, o ktorých netušia, že existujú.

Myslia si, že počúvajú Božie slovo, odstránili hriechy do určitej miery a poznajú pravdu. Týmto iba potvrdzujú ich presvedčenie o vlastnej pravde. Súdia ostatných v tom, ako vedú život vo viere. Tiež sa s ostatnými porovnávajú a myslia si, že sú lepší ako oni. Kedysi v ostatných videli len dobré vlastnosti, ale neskôr sa zmenili a teraz vidia iba ich nedostatky. Trvajú len na vlastných názoroch, ale vyhlasujú, že to robia „pre Božie kráľovstvo".

Niektorí ľudia rozprávajú spôsobom, ako keby všetko vedeli a boli spravodliví. Vždy hovoria o nedostatkoch iných ľudí a vynášajú nad nimi rozsudky. To znamená, že nemôžu vidieť vlastné nedostatky, ale iba nedostatky druhých.

Kým nie sme pravdou úplne zmenení, my všetci máme presvedčenie o vlastnej pravde a vytvárame si systémy. Do akej miery máme v našom srdci zlo, do takej miery budeme mať funkcie duše patriace nepravde namiesto funkcií patriacich pravde. V dôsledku toho budeme súdiť a odsudzovať ostatných na základe presvedčenia o vlastnej pravde a vlastných systémoch. Aby sme duchovne rástli, všetky naše myšlienky a teórie musíme považovať za bezvýznamné. Musíme zničiť naše presvedčenie o vlastnej pravde a systémy a mať funkcie duša patriace pravde.

Mať funkcie duše patriace pravde

Môžeme duchovne rásť a stať sa pravými Božími deťmi, keď zmeníme funkcie našej duše, ktoré patria nepravde, na funkcie patriace pravde. Čo teda musíme urobiť, aby sme mali funkcie duše patriace pravde?

V prvom rade musíme byť obozretní a všetko rozlišovať podľa štandardu pravdy.

Ľudia majú rôzne svedomie a štandardy sveta sa tiež líšia v závislosti na čase, mieste a kultúre. Aj keď ste konali správne, iní ľudia to nemusia považovať za správne, pretože môžu mať iné hodnoty.

Ľudia si vytvárajú vlastné hodnoty a prijateľné mravy v rôznych prostrediach a kultúrach, a preto nesmieme súdiť druhých na základe našich vlastných štandardov. Jediný definitívny štandard, s ktorým môžeme rozoznať dobre od zlého a pravdu od nepravdy, je Božie slovo, ktoré je pravda sama.

Medzi vecami, ktoré svetskí ľudia považujú za pravdivé a správne, sú veci, ktoré súhlasia s Bibliou, ale je tu aj mnoho ďalších vecí, ktoré s ňou nesúhlasia. Predpokladajme, že jeden z vašich priateľov spáchal trestný čin, ale niekto iný bol namiesto neho krivo obvinený. V tomto prípade by si väčšina ľudí myslela, že je prijateľné neprezradiť vinu priateľa. Ale ak budete mlčať, vediac o nevinnosti krivo obvineného človeka, váš skutok nemôže byť nikdy v očiach Boha považovaný za spravodlivý.

Keď som predtým, než som uveril v Boha, musel navštíviť niekoho iného v čase obeda alebo večere, a ak sa ma spýtal, či som už jedol, hovorieval som: „Áno, už som jedol." Nikdy mi nenapadlo, že by to nemalo byť správne, pretože som to povedal len preto, aby sa ten človek cítil pohodlne. Ale v duchovnom zmysle to môže byť chyba v Božích očiach, pretože to nie je pravda, aj keď to nie je hriech. Keď som si to uvedomil, začal som používať iné výrazy, ako napríklad: „Nejedol som, ale práve teraz nemám chuť."

Aby sme všetko rozlišovali na základe pravdy, mali by sme počúvať a učiť sa Slovo pravdy a uchovávať ho v našich srdciach. Mali by sme čítať Bibliu a zbaviť sa zlých štandardov, ktoré sme si vytvorili nepravdou tohto sveta. Bez ohľadu na to, aké múdre je niečo na tomto svete, ak je proti Božiemu slovu, mali by sme toho zbaviť.

V druhom rade, aby sme mali funkcie duše patriace pravde, naše pocity musia byť v súlade s pravdou.

Spôsob, akým vkladáme veci do nášho vnútra, hrá dôležitú úlohu, keď sa snažíme o pocity v súlade s pravdou. Videl som matku, ktorá karhala dieťa slovami: „Ak to budeš robiť, pastor ťa vyhreší!" Spôsobuje, že dieťa si myslí, že pastora sa treba báť. Takéto dieťa bude pociťovať strach a pastorovi sa bude vyhýbať, namiesto toho, aby v budúcnosti zostávalo v jeho blízkosti.

Kedysi dávno som videl vo filme jednu scénu. Dievča sa priatelilo so slonom a slon si zvykol položiť chobot okolo jej krku. Jedného dňa, keď toto dievča spalo, priblížil sa k nej jedovatý had a obtočil sa je okolo krku. Keby dievča vedelo, že to bol jedovatý had, iste by sa bálo a bolo by vydesené. Ale oči mala v spánku zavreté a myslela si, že to bol chobot slona. A tak nebola vôbec prekvapená. Skôr mala pocit, že to bolo priateľské. Vidíme, že pocity sa líšia v závislosti od myšlienok.

Pocity sa líšia v závislosti od nášho myslenia. Ľudia, ktorí cítia znechutenie pri pohľade na červy, larvy alebo stonožky, si vychutnávajú lahodnú chuť kuracieho mäsa, aj keď sa kura živí týmito živočíchmi. Teraz môžeme vidieť, ako naše pocity o niečom závisia na našich myšlienkach. Bez ohľadu na to, aký druh človeka vidíme, a aký druh práce robíme, mali by sme myslieť a cítiť len dobrým spôsobom.

Aby sme o všetkom premýšľali a všetko cítili dobrým spôsobom, musíme predovšetkým vždy vidieť, počuť a ukladať si len dobré veci. To platí najmä o týchto dňoch, kedy môžeme vidieť toľko rôznych vecí prostredníctvom masmédií alebo internetu. Dnes viac ako kedykoľvek predtým prevažuje zlo, krutosť, násilie, podvádzanie, povýšenosť, prefíkanosť a zrada. Aby sme zostali v pravde, je lepšie nevidieť, nepočuť alebo neukladať si tieto veci. Avšak, aj keď sa musíme stretnúť takýmito vecami, v tej chvíli ich môžeme uložiť v pravde a dobrote. Pýtate sa: „ako?"

Napríklad, tí, ktorí v mladom veku počuli strašidelné historky o démonoch a upíroch, majú z nich desivý pocit, a to najmä vtedy, keď po skončení hororu zostanú samí v tme. Trasú sa alebo majú strach, keď začujú akýkoľvek čudný zvuk alebo vidia podivné tiene. Ak sú sami, môže sa stať niečo veľmi malé, čo môže spôsobiť, že zo strachu upadnú do šoku. Ale ak budeme žiť vo svetle, Boh nás ochráni a zlí duchovia sa nás nebudú môcť dotknúť. Naopak, boja a trasú sa pred duchovným svetlom, ktoré z nás vyžaruje. Ak pochopíme túto skutočnosť, môžeme zmeniť naše pocity. Z hĺbky srdca pochopíme, že zlí duchovia nie sú strašidelné bytosti, takže naše pocity sa môžu tiež zmeniť. Keďže môžeme potlačiť svet temnoty, aj keď sa démoni objavia, môžeme ich v mene Ježiša Krista vyhnať.

Zoberme si ešte jeden prípad, kedy majú ľudia nevhodné pocity. Asi pred dvadsiatimi rokmi som bol na púti s členmi cirkvi. Na štadióne v Grécku bola socha nahého muža. Vyryté slová boli o podpore v cvičení a športe pre zdravých ľudí, ktorí sú základom zdravého národa. Tam som mohol vidieť rozdiel medzi turistami z iných európskych krajín a členmi našej cikrvi.

Niektoré členky sa pred sochou bez problémov fotili, ale zopár ďalších členiek sa začervenalo. Miestu sa vyhýbali, ako keby videli niečo, čo vidieť nemali. Dôvodom, prečo sa pred sochou začervenali, bolo, že mali cudzoložnú myseľ. Mali nesprávne pocity o nahote a mali takýto pocit, keď videli sochu nahého muža. Takí ľudia môžu dokonca súdiť tých, ktorí podrobnejšie takú sochu skúmajú. Ale nezdalo sa, že by európski turisti boli v rozpakoch alebo mali akýkoľvek podobný druh pocitov. Pozerali sa na sochu s uznaním za vynikajúce umelecké dielo.

V tomto prípade nikto nemal právo odsudzovať týchto európskych turistov, hovoriac, že sú nehanební. Ak rozumieme odlišným kultúram a zmeníme pocity nepravdy na pocity pravdy, nebudeme sa cítiť trápne alebo sa hanbiť. Adam žil v jeho nahote, keď ešte nemal žiadne poznanie tela, pretože nemal cudzoložnú myseľ, a taký spôsob života bol krajší.

Po tretie, aby sme mali funkcie duše patriace pravde, nemali by sme prijímať veci len z nášho vlastného pohľadu, ale aj z pohľadu druhých.

Ak prijímate veci a situácie iba na základe vlastného hľadiska, skúseností a spôsobu myslenia, budete mať mnoho nepravdivých funkcií duše. Pravdepodobne budete pridávať alebo odoberať slová z výrokov druhých ľudí podľa vlastných myšlienok. Môžete nesprávne pochopiť, súdiť, odsúdiť a formovať zlé pocity.

Predpokladajme, že človek, ktorý utrpel zranenie pri nehode, sa priveľmi sťažuje na bolesť. Tí, ktorí ešte nezažili takúto bolesť alebo ľudia so zvýšenou toleranciou bolesti, by si mohli myslieť, že tento človek robí príliš veľa kriku pre nič. Ak prijmete slová iných ľudí na základe vlastného názoru a skúseností, budete mať nepravdivé funkcie duše. Ak sa to pokúsite pochopiť z pohľadu druhého človeka, dokážete ho pochopiť, ako aj rozsah jeho bolesti.

Iba ak pochopíte situáciu druhého človeka a prijmete ho, budete v mieri s každým. Nebudete musieť nenávidieť alebo mať nepríjemný pocit. I keď kvôli niekomu inému utrpíte zranenia alebo nepriazeň, ak v prvom rade budete myslieť na neho, nebudete ho nenávidieť, ale stále milovať a zľutujete sa nad ním. Ak poznáte Božiu milosť a lásku Ježiša, ktorý bol pre nás ukrižovaný, môžete milovať aj svojich nepriateľov. Tak to bolo aj u Štefana. Aj keď bol nevinne kameňovaný na smrť, necítil nenávisť k tým, ktorí ho kameňovali, ale modlil sa za nich.

Ale niekedy nie je pre nás ľahké mať funkcie duše patriace pravde, po ktorých túžime. Preto musíme byť v našich slovách a skutkoch vždy v strehu a pokúsiť sa zmeniť funkcie duše patriace nepravde na funkcie patriace pravde. Funkcie duše patriace pravde môžeme dosiahnuť s Božou milosťou a silou a pomocou Ducha Svätého, keď sa modlíme a neustále sa snažíme.

Každý deň zomieram

Apoštol Pavol kedysi prenasledoval kresťanov v dôsledku silného presvedčenia o vlastnej pravde a vlastných duševných systémoch. Ale potom, čo sa stretol s Pánom, uvedomil si, že jeho presvedčenie o vlastnej pravde a duševné systémy neboli správne, a uponížil sa do tej miery, že všetko, čo mal, považoval za bezvýznamné. Spočiatku mal v srdci boj, keď si uvedomil, že v ňom prítomné zlo bojovalo s tým, čo chcelo konať dobro (Rim 7, 24).

Ale on vzdal Bohu vďaky, veriac, že zákon života a Duch Svätý v Kristovi Ježišovi ho oslobodili od zákona hriechu a smrti.

V Rim 7, 25 povedal: „*Ale nech je Bohu vďaka skrze Ježiša Krista, nášho Pána! Ja sám teda mysľou slúžim Božiemu zákonu a telom zákonu hriechu.*" a v 1 Kor 15, 31: „*Každý deň zomieram, tak ako ste mojou slávou, bratia, ktorú mám v Kristovi Ježišovi, našom Pánovi..*"

On povedal: „každý deň zomieram", a to znamená, že svoje srdce obrezával každý deň. Konkrétne, odstránil z neho všetky nepravdy, ako je pýcha, priebojnosť, nenávisť, súdenie, hnev, arogancia a chamtivosť. Ako sám vyznal, zbavil sa ich bojom proti nim až po krvipreliatie. Boh mu dal milosť a silu a pomocou Ducha Svätého sa zmenil na duchovného človeka, ktorého funkcie duše patrili pravde. Nakoniec sa stal mocným apoštolom, ktorý šíril evanjelium a uskutočňoval mnoho divov a zázrakov.

Kapitola 3
Telesné veci

Niektorí ľudia páchajú myšlienkami hriechy závisti,
žiarlivosti, súdenia, odsudzovania a cudzoložstva.
Takéto hriechy navonok nie sú viditeľné,
ale páchajú ich v dôsledku hriešnych atribútov v nich.

- Telo a skutky tela

- Význam výrazu „telo je slabé"

- Telesné veci: hriechy spáchané myšlienkami

- Žiadostivosť tela

- Žiadostivosť očí

- Vystatovanie sa bohatstvom

U tých ľudí, ktorých duch je mŕtvy, sa pánom stane duša a riadi celé telo. Predpokladajme, že ste smädní a chcete sa napiť. Potom duša prikáže rukám zdvihnúť pohár a priniesť ho k ústam. Ale ak vás niekto v tejto chvíli niečím urazí a vy sa nahneváte, budete mať chuť rozbiť pohár. Aký je to druh funkcie duše?

Toto sa stane, keď satan podnecuje dušu, ktorá patrí telu. Ľudia prijímajú diela nepriateľa diabla a satana do tej miery, do akej v sebe majú nepravdu. Ak prijmú diela satana, začnú mať myšlienky nepravdy a v prípade, že prijmú skutky diabla, budú vykonávať skutky nepravdy.

Myšlienka v hneve rozbiť pohár bola daná satanom, a ak pohár skutočne rozbijete, je to dielo diabla. Táto myšlienka sa nazýva „telesná vec" a skutok sa nazýva „skutok tela". Dôvodom, prečo máme funkcie duše a skutky patriace nepravde, je hriešna podstata, ktorá bola v dôsledku Adamovho pádu vsadená nepriateľom diablom a satanom, a ktorá sa spojila s ľudským telom.

Telo a skutky tela

Rim 8, 13 hovorí: „*Lebo ak budete žiť podľa tela, zomriete. Ale ak Duchom umŕtvujete skutky tela, budete žiť.*"

„Zomriete" tu znamená, že budete čeliť večnej smrti, ktorou je peklo. Preto „telo" neodkazuje na naše fyzické telo. Má tiež duchovný význam.

Ďalej hovorí, že ak Duchom umŕtvime skutky tela, budeme žiť. Znamená to, že sa musíme zbaviť skutkov tela ako sedieť, ležať, jesť, a tak ďalej? Samozrejme, že nie! „Telo" sa tu vzťahuje na obal alebo schránku, z ktorej uniklo poznanie ducha dané ľuďom. Na pochopenie duchovného významu tohto verša musíme pochopiť, akým druhom bytosti bol Adam.

Keď bol Adam žijúci duch, jeho telo bolo vzácne a nezničiteľné. Nestarol a nemohol zomrieť alebo zaniknúť. Mal žiarivé a prekrásne duchovné telo. Jeho správanie bolo tiež dôstojnejšie než správanie akékoľvek šľachtica na tejto zemi. Ale od okamihu, keď do neho vstúpil hriech a v dôsledku hriechu sa jeho telo stalo nehodným telom, ktoré sa nijako nelíšilo od zvierat.

Uvediem príklad. Vezmime si šálku s určitým množstvom tekutiny. Túto šálku môžeme prirovnať k telu a tekutinu k nášmu duchu. Rovnaká šálka môže mať rôznu hodnotu v závislosti od tekutiny, ktorú obsahuje. Rovnaké to bolo aj s telom Adama.

Adam mal ako živý duch len poznanie pravdy, ako je láska, dobrota, pravdivosť a spravodlivosť a Božie svetlo, ktoré mu dal Boh. Ale keď jeho duch zomrel, poznanie pravdy sa z neho vytratilo a namiesto pravdy bol nepriateľom diablom a satanom naplnený telesnými vecami. Zmenil sa nasledujúc nepravdu, ktorá sa stala jeho súčasťou. Ako je povedané: „Duchom sú skutky tela umŕtvené". Tu sa „skutky tela" vzťahujú na skutky pochádzajúce z tela, ktoré je spojené s nepravdou.

Napríklad, sú ľudia, ktorí v hneve zatínajú päste, trieskajú dvermi alebo používajú ďalšie spôsoby hrubého správania. Niektorí ľudia používajú v každej vete vulgárne slová. Niektorí ľudia sa na osoby opačného pohlavia pozerajú žiadostivo a iní sa správajú obscénne.

Skutky tela zahŕňajú nielen zjavné, spáchané hriechy, ale aj všetky skutky, ktoré nie sú v Božích očiach dokonalé. Keď sa niektorí ľudia rozprávajú s ostatnými, nevedomky ukazujú na ľudí alebo na veci prstom. Niektorí ľudia pri rozhovore s ostatnými zvyšujú hlas do tej miery, že to znie, ako keby sa hádali. Tieto veci by sa mohli zdať triviálne, ale tiež sú skutkami pochádzajúcimi z tela, ktoré je spojené s nepravdou.

V Biblii je často používané slovo „telo". V Jn 1, 14 je slovo „telo" používané s doslovným významom: *„A Slovo sa telom stalo a prebývalo medzi nami, a videli sme jeho slávu, slávu, akú má od Otca jednorodený, plný milosti a pravdy."* Ale častejšie sa používa v duchovnom slova zmysle.

Rim 8, 5 hovorí: *„Lebo tí, čo žijú podľa tela, zmýšľajú telesne, ale tí, čo žijú podľa Ducha, zmýšľajú duchovne."* A Rim 8, 8 hovorí: *„A tak tí, čo žijú telesne, nemôžu sa páčiť Bohu."*

Tu je „telo" použité v duchovnom slova zmysle s odkazom na hriešne podstaty spojené s telom. Je to kombinácia hriešnych podstát a tela, z ktorého uniklo poznanie pravdy. Nepriateľ diabol a satan zasadili do ľudí rôzne hriešne prirodzenosti a tie sa spojili s telom. Neprejavia sa ihneď v skutkoch, ale tieto atribúty sú teraz v ľuďoch, aby sa mohli kedykoľvek prejaviť v skutkoch. Každý z týchto telesných atribútov je „telesnou vecou". Nenávisť, závisť, žiarlivosť, nepravda, ľstivosť, arogancia, zlosť, súdenie, odsúdenie, cudzoložstvo, chamtivosť, to všetko je označované ako „telo" a každý z nich je „telesnou vecou".

Význam výrazu „telo je slabé"

Keď sa Ježiš modlil v Getsemanskej záhrade, učeníci spali. Ježiš povedal Petrovi: *„Bdejte a modlite sa, aby ste neprišli do pokušenia! Duch je síce ochotný, ale telo slabé"* (Mt 26, 41). Ale to neznamená, že telá jednotlivých učeníkov boli slabé. Peter mal robustnú stavbu tela, pretože bol rybárom. Čo teda znamená, že „telo je slabé"?

Znamená to, že keďže Peter ešte nedostal Ducha Svätého, bol telesným človekom, ktorý sa nezbavil hriechov úplne, a preto nemohol kultivovať svoje telo na telo patriace duchu. Keď človek odvrhne hriechy a zmení sa na ducha, to znamená, keď sa stane duchovným človekom a človekom pravdy, jeho duša a telo budú riadené duchom. Preto, aj keď je telo veľmi unavené, a vy z hĺbky srdca túžite bdieť, nezaspíte.

Ale v tej dobe Peter ešte nebol duchom, a tak nemohol ovládať telesné atribúty, ako je únava a lenivosť. A preto, aj keď chcel zostať bdieť, nemohol. Bol v rámci jeho fyzických možností. Byť v takýchto fyzických hraniciach znamená, že telo je slabé. Ale po zmŕtvychvstaní a nanebovstúpení Ježiša Krista, Peter dostal Ducha Svätého. A odvtedy neriadil len jeho telesné atribúty, ale tiež uzdravil mnoho chorých ľudí, a dokonca aj kriesil mŕtvych. Evanjelium šíril s takou silnou vierou a odvahou, že sa rozhodol byť ukrižovaný dolu hlavou.

Ježiš šíril evanjelium o Božom kráľovstve a uzdravoval ľudí deň a noc, aj keď nemal čas na jedlo a spánok. Ale pretože jeho duch ovládal jeho telo, a to aj v situácii, keď bol veľmi unavený, mohol sa dokonca modliť až dovtedy, kým sa jeho pot nezmenil na kvapky krvi padajúce na zem. Ježiš nemal ani prvotný hriech, ani žiadny vlastný hriech. Preto mohol duchom ovládať svoje telo.

Niektorí veriaci páchajú hriechy a vyhovárajú sa: „Moje telo je slabé." Ale to hovoria preto, lebo nevedia o duchovnom zmysle tohto výrazu. Musíme pochopiť, že tým, že Ježiš prelial Jeho krv na kríži, vykúpil nás nielen z hriechov, ale aj zo slabostí. Ak budeme mať vieru a budeme dodržiavať Božie slovo, môžeme mať zdravého ducha a telo a robiť veci, ktoré siahajú za hranice ľudských možností. Okrem toho, máme aj pomoc Ducha Svätého, a preto by sme nemali hovoriť, že sa nemôžeme modliť alebo sme nemali inú možnosť, než spáchať hriech, pretože naše telo je slabé.

Telesné veci: Hriechy spáchané myšlienkami

Ak ľudia majú telo, to znamená, ak majú hriešne prirodzenosti, ktoré sú spojené s ich telom, páchajú hriechy nielen myšlienkami, ale aj skutkami. Ak majú atribúty klamať, budú v nepriaznivej situácii podvádzať ostatných ľudí. Ak spáchajú hriech v srdci a nie skutkom, je to „telesná vec".

Predpokladajme, že uvidíte krásny šperk, ktorý patrí vášmu susedovi. Ak len uvažujete o tom, že ho zoberiete alebo ukradnete, potom ste už v srdci spáchali hriech. Väčšina ľudí to nepovažuje za hriech. Ale Boh skúma srdce, a dokonca aj nepriateľ diabol a satan poznajú tento druh ľudského srdca, takže môžu vzniesť obvinenia voči takému hriechu, pretože je telesnou vecou.

V Mt 5, 28 Ježiš povedal: „*No ja vám hovorím: Každý, kto na ženu hľadí žiadostivo, už s ňou scudzoložil vo svojom srdci.*" 1 Jn 3. 15 hovorí: „*Každý, kto nenávidí svojho brata, je vrah. A viete, že ani jeden vrah nemá v sebe večný život.*" Ak spáchate hriech v srdci, znamená to, že ste položili základy skutočnému spáchaniu hriechu skutkom.

Môžete mať úsmev na tvári a predstierať, že niekoho máte radi, aj keď ho nenávidíte a chcete ho udrieť. Ak sa niečo stane a vy už viac nebudete môcť tolerovať situáciu, v hneve vybuchnete a môžno sa s ním začnete hádať alebo biť. Ale keď sa zbavíte hriešnej prirodzenosti nenávisti, nebudete nikdy tohto človeka nenávidieť, ani keď vám bude spôsobovať ťažkosti.

Ako je uvedené v Rim 8, 13: „*Lebo ak budete žiť podľa tela, zomriete. Ale ak Duchom umŕtvujete skutky tela, budete žiť.*" Ak neodhodíte telesné veci, nakoniec skutky tela spáchate. Ale Písmo tiež hovorí: „*...Ale ak Duchom umŕtvujete skutky tela, budete žiť.*" Takže je možné mať zbožné a sväté skutky, ak postupne odhodíte všetky telesné veci. Ako sa môžeme rýchlo zbaviť telesných vecí a skutkov tela?

Rim 13, 13-14 hovorí: „*Žime počestne ako vo dne; nie v hýrení a opilstve, nie v smilstve a necudnosti, nie v svároch a žiarlivosti, ale oblečte si Pána Ježiša Krista; a o telo sa nestarajte podľa jeho žiadostí.*" A 1 Jn 2, 15-16 hovorí: „*Nemilujte svet, ani to, čo je vo svete. Ak niekto miluje svet, nie je v ňom Otcova láska. Veď nič z toho, čo je vo svete, ani žiadostivosť tela ani žiadostivosť očí ani vystatovanie sa bohatstvom nie je z Otca, ale zo sveta.*"

Na základe týchto veršov si môžeme uvedomiť, že všetky veci na svete sú spôsobené žiadostivosťou tela a očí a vystatovaním sa bohatstvom. Žiadostivosť je zdrojom energie, ktorá poháňa ľudí, aby hľadali a prijímali pominuteľné telo. Je to silná sila, ktorá núti ľudí považovať svet za dobrý a milovať ho.

Poďme sa teraz pozrieť na scénu, keď bola Eva pokúšaná hadom v Gn 3, 6: „*A žena videla, že strom je na jedenie chutný, na pohľad krásny a na poznanie vábivý, nuž vzala z jeho ovocia a jedla, dala aj svojmu mužovi, čo bol s ňou, a on tiež jedol.*" Had povedal Eve, že bude ako Boh. V tom momente prijala slovo, vstúpila do nej hriešna prirodzenosť a usadila sa v nej ako telo. Vstúpila do nej žiadostivosť tela a ovocie vyzeralo na jedenie chutné. Vstúpila do nej žiadostivosť očí a ovocie bolo na pohľad krásne. Nakoniec do nej vstúpilo vystatovanie sa bohatstvom a ovocie bolo na poznanie vábivé. Tým, že Eva prijala tieto žiadostivosti, chcela jesť ovocie a aj ho jedla. V minulosti nemala žiaden úmysel neposlúchnuť Božie slovo, ale jej žiadostivosť bola motivovaná, ovocie vyzeralo chutne a krásne. Keďže túžila stať sa ako Boh, nakoniec Boha neposlúchla.

Žiadostivosť tela, žiadostivosť očí a vystatovanie sa bohatstvom spôsobujú, že máme pocit, že hriechy a zlo sú dobré a krásne. Potom nás vedú k telesným veciam a nakoniec ku skutkom tela. Preto, aby sme sa zbavili telesných vecí, musíme sa najprv zbaviť týchto troch druhov žiadostivostí. Potom môžeme zo srdca odhodiť aj samotné telo.

Ak by Eva vedela, aké veľké bolesti jej spôsobí to ovocie, nemala by pocit, že je chutné na jedenie a krásne na pohľad. Ale skôr by sa jej hnusilo sa ho čo i len dotknúť alebo pozerať sa naň, nieto ešte ho jesť. A rovnako, ak si uvedomíme, aké veľké bolesti nám prináša láska k svetu a to, že nás vedie k pádu do pekla, tak určite nebudeme svet milovať. Akonáhle si uvedomíme, aké bezcenné sú všetky hriechom sfarbené pozemské veci, môžeme sa ľahko zbaviť žiadostivosti po tele. Poďme sa na to teraz pozrieť.

Žiadostivosť tela

Žiadostivosť tela je prirodzenosť nasledovať telo a páchať hriechy. Keď máme vlastnosti, ako je nenávisť, zlosť, sebecké túžby, zmyselné túžby, závisť a pýcha, tak potom žiadostivosť tela môže byť spustená. Keď sa ocitneme v situácii, v ktorej sú hriešne prirodzenosti spustené, v dôsledku toho vzniká záujem a zvedavosť. To nás vedie k pocitu, že hriechy sú dobré a krásne. V tomto bode sú telesné veci odhalené a menia sa na skutky tela.

Predpokladajme, napríklad, že nový veriaci sa rozhodne prestať piť, ale ešte stále má na alkohol chuť, čo je telesná vec. Ak ide do baru alebo na miesto, kde ľudia pijú alkohol, je stimulovaná žiadostivosť tela, aby si vypil. To potom vyvoláva v človeku túžbu a vedie ho k tomu, aby skutočne alkohol pil a opil sa.

Uvediem iný príklad. Ak máme vlastnosti súdiť a odsudzovať druhých, budeme chcieť počuť klebety o iných ľuďoch. Môže sa nám zdať, že je zábavné počuť a šíriť klebety a hovoriť o ostatných ľuďoch. Ak v sebe máme hnev a niečo sa odlišuje od našich preferencií, budeme sa cítiť sviežo a dobre, keď sa na niekoho alebo na niečo nahneváme. Ak sa samých seba pokúsime ovládať a nenasledovať charakteristiku tela nahnevať sa, zistíme, že je to bolestnejšie a neznesiteľnejšie. Ak máme pyšný charakter, potom v našej pýche môžeme mať povahu chváliť sa. V našej pýche môžeme tiež chcieť, aby nám iní slúžili. Ak máme túžbu byť bohatí, snažíme sa stať bohatými aj na úkor výdavkov, škôd a utrpeniu spôsobených ostatným ľuďom. Táto žiadostivosť tela rastie s množstvom spáchaných hriechov.

Ale aj keď je človek novým veriacim a má slabú vieru, keď sa vrúcne modlí, dostane milosť zo spoločenstva s ostatnými členmi, a bude plný Ducha Svätého, žiadostivosť tela nebude stimulovaná tak ľahko. Aj keď žiadostivosť tela vzniká v jednom kútiku mysle, pravdou sa jej môže okamžite zbaviť. Ale ak sa prestane modliť a stratí plnosť Ducha Svätého, dáva priestor nepriateľovi diablovi a satanovi opäť stimulovať žiadostivosť tela.

Čo je teda dôležité pri odstraňovaní žiadostivosti tela? Je to udržanie si plnosti Ducha Svätého na to, aby vaša túžba hľadať ducha zostala silnejšia ako vaša túžba nasledovať telo. Mali by sme vždy duchovne bdieť, ako je napísané v 1 Pt 5, 8: „*Buďte triezvi a bdejte! Váš protivník diabol obchádza ako revúci lev a hľadá, koho by zožral.*"

Aby sme to dosiahli, nesmieme sa prestať vrúcne modliť. Aj keď sme veľmi zaneprázdnení konaním Božieho diela, ak sa prestaneme modliť, stratíme plnosť Ducha Svätého. Potom bude otvorená cesta na stimuláciu žiadostivosti tela. Týmto spôsobom potom môžeme hrešiť myšlienkami a neskôr skutkami. To je dôvod, prečo aj Ježiš, Syn Boží, nám dal dobrý príklad neprestajnej modlitby počas života na tejto zemi. Nikdy sa neprestal modliť, aby mohol komunikovať s Otcom a splnil Jeho vôľu.

Samozrejme, ak ste odhodili hriech a dosiahli svätosť, už vo vás nebudú vznikať žiadostivosti tela, a tak nebudete nasledovať telo a a páchať hriechy. Takže tí, ktorí sú svätí, sa už nebudú modliť za odstránenie žiadostivostí tela, ale za získanie väčšej plnosti Ducha a rýchlejšie dosiahnutie Božieho kráľovstva.

Čo ak sa nám náš odev ušpiní? Neutrieme ho iba, ale vyperieme ho s mydlom, aby sme sa zbavili aj pachu. Ak je na našom oblečení červík alebo larva, budeme veľmi prekvapení a okamžite ich striasieme. Ale hriechy srdca sú oveľa špinavšie a odpornejšie ako špina alebo červík. Ako je zaznamenané v Mt 15, 18: *„Ale to, čo vychádza z úst, pochádza zo srdca a poškvrňuje človeka, "* poškodzujú človeka až do kostí a kostnej drene a spôsobujú veľkú bolesť.

Čo ak žena zistí, že jej manžel má milenku? Bolo by to pre ňu veľmi bolestivé! Je to rovnaké aj v opačnom prípade. Spôsobí to hádky na zničenie pokoja v rodine alebo to dokonca bude príčinou rozpadu rodiny. Preto by sme mali rýchlo odhodiť žiadostivosť tela, pretože tá rodí hriech a nepriaznivé dôsledky.

Žiadostivosť očí

„Žiadostivosť očí" stimuluje srdce počúvaním a pozeraním a núti človeka hľadať telesné veci. Aj keď sa to nazýva „žiadostivosť očí", žiadostivosť očí vchádza do ľudských sŕdc počas rastu človeka prostredníctvom procesov pozerania, počúvania a pocitov. Konkrétne, čo vidia a počujú sa dotýka ich srdca, aby v nich vznikli pocity, cez ktoré získavajú "žiadostivosť očí".

Keď niečo vidíte a prijímate to spolu s pocitom, budete mať podobný pocit, keď niečo podobné uvidíte znova. Aj keď to neuvidíte a iba o tom budete počuť, spomeniete si na skúsenosť z minulosti, a vaša žiadostivosť očí bude stimulovaná. Ak budete v prijímaní žiadostivosti očí pokračovať, bude to motivovať vašu žiadostivosť tela, a nakoniec spáchate hriech.

Čo sa stalo, keď Dávid uvidel Batšebu, manželku Uriáša, kúpať sa? Neodmietol žiadostivosť očí, ale prijal ju, čo ho viedlo k žiadostivosti tela, ktorá v ňom vzbudila túžbu po žene. Nakoniec si ženu vzal a spáchal hriech aj tým, že poslal jej manžela Uriáša bojovať v prvej línii vo vojne, aby zomrel. Týmto si Dávid na seba privolal veľkú skúšku.

Ak neodstránime žiadostivosť očí, bude v nás neustále stimulovať hriešnu prirodzenosť. Napríklad, ak sa pozeráme na obscénne materiály, motivuje to hriešnu prirodzenosť cudzoložnej mysle. Ako sa pozeráme očami, vchádza do nás žiadostivosť očí a satan riadi naše myšlienky v smere nepravdy.

Tí, ktorí veria v Boha, nesmú prijať žiadostivosť očí. Nesmiete vidieť ani počúvať to, čo nepochádza z pravdy a nemali by ste ani chodiť na miesta, kde sa môžete dostať do kontaktu s nepravdou. Bez ohľadu na to, ako veľa sa za odstránenie tela modlíte a postíte, hoci aj celú noc, ak sa nezbavíte žiadostivosti očí, žiadostivosť tela opäť získa silu a bude motivovaná ešte silnejšie. Dôsledkom toho už nebudete schopní ľahko odstrániť telo a budete cítiť, že je veľmi ťažké proti hriechom bojovať.

Napríklad, ak vo vojne vojaci, ktorí sa nachádzajú vnútri mestských hradieb, dostanú zásoby spoza hradieb mesta, získajú silu pokračovať v boji. Nebolo by ľahké zničiť nepriateľské sily vnútri mestských hradieb. Preto, aby sme mesto porazili, musíme ho najprv obkľúčiť a zastaviť príjem zásob, aby nepriatelia nemohli dostávať žiadne jedlo ani zbrane. Ak budeme útočiť a pokračovať v tejto stratégii, nepriateľov nakoniec porazíme.

Ak použijeme tento príklad, tak nepriateľ v meste je nepravda, čiže telo v nás, a posily spoza hradieb mesta je žiadostivosť očí. Ak nezničíme žiadostivosť očí, nebudeme schopní odhodiť hriechy ani pôstom a modlitbami, pretože hriešne prirodzenosti budú neustále získavať silu. A preto, ako prvú musíme odstrániť žiadostivosť očí a modliť sa a postiť sa, aby sme sa zbavili hriešnych prirodzeností. Potom ich budeme schopní vyhnať milosťou a silou Boha a plnosťou Ducha Svätého.

Uvediem ešte jednoduchší príklad. Ak budeme liať čistú vodu do nádoby, ktorá je plná špinavej vody, špinavá voda sa nakoniec stane čistou. Ale čo ak budeme liať čistú vodu spolu so špinavou? Špinavá voda v nádobe sa nikdy nestane čistou, bez ohľadu na to, ako dlho vodu lejeme, pretože sme neliali len čistú vodu. Tak aj my, aby sme sa zbavili tela a kultivovali duchovné srdce, nesmieme prijímať žiadne ďalšie nepravdy, ale iba pravdu.

Vystatovanie sa bohatstvom

Ľudia majú tendenciu mať túžbu chváliť sa. „Vystatovanie sa bohatstvom" je „márnosť a vystatovanie sa v našej prirodzenosti, ktorú máme ohľadom radostí tohto života." Napríklad, ľudia sa chcú chváliť svojou rodinou, deťmi, manželom alebo manželkou, drahým oblečením, dobrým domom alebo šperkami. Chcú byť uznávaní pre ich vzhľad alebo talent. Dokonca sa chvália aj ich priateľstvom s vplyvnými ľuďmi a celebritami. Ak v sebe máte vystatovanie sa bohatstvom, potom sú pre vás dôležité veci ako bohatstvo, sláva, vedomosti, talent a zdanie tohto sveta a nadšene sa za nimi ženiete.

Ale čo pre nás vyplýva z vystatovania sa takými vecami? Kaz 1, 2-3 hovorí, že všetko pod slnkom je márnosť. Ako je zaznamenané v Ž 103, 15: „*Ako tráva sú dni človeka, odkvitá sťa poľný kvet,* " vystatovanie sa týmto svetom nám nemôže poskytnúť pravú hodnotu alebo život. Ale naopak, je to nepriateľské voči Bohu a vedie nás to k smrti. Ak odhodíme bezvýznamné telo, oslobodíme sa od pýchy alebo žiadostivosti, a preto budeme nasledovať iba pravdu.

1 Kor 1, 31 nám hovorí, že ten, kto sa chváli, má sa chváliť v Pánovi. To znamená, že by sme sa nemali chváliť vyzdvihovaním samých seba, ale pre Božiu slávu. Konkrétne, je to chvála kríža a

Pána, ktorý nás zachránil a nebeského kráľovstva, ktoré pre nás On pripravil. Tiež by sme sa mali chváliť milosťou, požehnaním, slávou a všetkým, čo nám Boh dal. Keď sa chválime v Pánovi, Boh je tým potešený a za odmenu nám dáva materiálne a duchovné požehnanie.

Povinnosťou človeka je báť sa Boha a milovať Ho, a hodnota každého človeka bude stanovená podľa toho, do akej miery sa stal duchovným človekom. (Kaz 12, 13).

Akonáhle odhodíme všetky hriechy a zlo, to znamená, skutky tela a telesné veci, a obnovíme stratený obraz Boha, môžeme dosiahnuť vyššiu úroveň ako prvý človek Adam, ktorý bol žijúci duch. To znamená, že sa môžeme stať duchovnými ľuďmi a ľuďmi celého ducha. Preto nesmieme uzatvárať s telom žiadne dohody pokiaľ ide o jeho žiadostivosti, ale obliecť sa iba v Krista.

Kapitola 4

Za hranicou živého ducha

Akonáhle zničíme telesné myšlienky,
zanikne funkcia duše patriaca telu a zostane iba funkcia duše patriaca duchu.
Duša sa úplne podriadi vládnucemu duchu jednoduchým „Amen".
Keď pán vykonáva povinnosť pána a služobník povinnosť služobníka,
hovoríme, že naša duša prosperuje.

- Obmedzené ľudské srdce

- Stať sa duchovným človekom

- Živý duch a kultivovaný duch

- Duchovná viera je pravá láska

- K svätosti

Aj novorodenci sú ľudskými bytosťami, ale nemôžu fungovať ako úplné ľudské bytosti. Nemajú žiadne poznanie. Nie sú schopní spoznať ani vlastných rodičov. Nevedia, ako prežiť. Podobne Adam, ktorý bol stvorený ako živý duch, nemohol plnil svoje povinnosti človeka hneď od začiatku. Stal sa zmysluplnou bytosťou až potom, čo bol naplnený poznaním ducha. Keď sa od Boha postupne naučil poznaniu ducha, stal sa pánom všetkého tvorstva. V tej dobe bolo Adamovo srdce samotným duchom, takže nebolo nutné používať slovo „srdce".

Ale keď zhrešil, jeho duch zomrel. Poznanie ducha z neho začalo kúsok po kúsku unikať a namiesto toho bol naplnený poznaním tela dodávaného nepriateľom diablom a satanom. Jeho srdce už nemohlo byť nazývané „duchom" a od tej doby sa nazývalo „srdcom".

Adamovo srdce bolo pôvodne stvorené na obraz Boha, ktorý je duch. Adamovo srdce sa mohlo zväčšiť do tej miery, že bolo naplnené poznaním ducha. Ale po smrti jeho ducha poznanie nepravdy obklopilo ducha a veľkosť srdca začala byť obmedzená. Skrze dušu, ktorá sa stala pánom ľudí, ľudia začali prijímať rôzne druhy poznania a toto poznanie začali využívať rôznymi spôsobmi. Ľudské srdce začalo byť kvôli rôznemu poznaniu a rôznym spôsobom využitia tohto poznania mobilizované rôznymi spôsobmi.

A preto ani tí, ktorí majú relatívne veľké srdce, nie sú schopní prekročiť určité hranice stanovené presvedčenosťou o vlastnej pravde človeka, vlastnými systémami a teóriami. Ale akonáhle prijmeme Pána Ježiša Krista, dostaneme Ducha Svätého a skrze Ducha zrodíme ducha, potom budeme môcť prekročiť tieto ľudské hranice. Navyše, do akej miery kultivujeme duchovné srdce, do tej miery môžeme vnímať neobmedzenú duchovnú ríšu a učiť sa o nej.

Obmedzené ľudské srdce

Keď ľudia duše počúvajú Božie slovo, posolstvo vstupuje najprv do ich mozgu, a až potom používajú ľudské myšlienky. Z tohto dôvodu nemôžu prijať Jeho Slovo do sŕdc. Preto si nedokážu uvedomiť duchovné veci ani sa na základe pravdy nemôžu zmeniť. Snažia sa pochopiť duchovnú ríšu v rámci svojich obmedzených sŕdc, a preto vynášajú rozsudky. Taktiež nesprávne chápu veľa vecí v Biblii a súdia dokonca aj biblických patriarchov.

Keď Boh prikázal Abrahámovi, aby mu obetoval jediného syna Izáka, niektorí ľudia hovoria, že pre Abraháma muselo byť veľmi ťažké poslúchnuť. Hovoria niečo takéto: Boh ho nechal tri dni putovať na horu Moria, aby skúšal jeho vieru, na ceste Abrahám určite prežíval veľkú bolesť, keď premýšľal nad tým, či poslúchnuť Boží príkaz, alebo nie. Ale nakoniec sa rozhodol Božie slovo poslúchnuť.

Skutočne mal Abrahám takéto problémy? Na cestu sa vydal skoro ráno a bez akéhokoľvek rozhovoru s manželkou Sárou. Úplne veril v silu a dobrotu Boha, ktorý dokáže vzkriesiť mŕtvych. Z tohto dôvodu mohol bez zaváhania obetovať syna Izáka. Boh videl jeho vnútorné srdce a uznal jeho vieru a lásku. Ako výsledok sa Abrahám stal otcom viery a bol nazvaný „priateľom Boha".

Ak človek nechápe úroveň viery a poslušnosti, ktorá potešuje Boha, tieto veci nechápe, pretože myslí v rámci svojho obmedzeného srdca a štandardu viery. Ľudí, ktorí maximálnou mierou milujú Boha a potešujú Ho, môžeme pochopiť do tej miery, do akej odhodíme hriechy a kultivujeme duchovné srdce.

Stať sa duchovným človekom

Boh je duch, a tak chce, aby sa aj Jeho deti stali duchovnými ľuďmi. Čo teda musíme urobiť, aby sme sa stali duchovným človekom; ktorého duch sa stal pánom duše a tela? Predovšetkým musíme zničiť myšlienky nepravdy, ktorými sú telesné myšlienky, aby sme viac neboli riadení satanom. Namiesto toho musíme počúvať hlas Ducha Svätého, ktorý sa prostredníctvom Slova pravdy dotýka našich sŕdc. Naša duša musí tento hlas úplne nasledovať. Keď počúvame Božie slovo, musíme ho prijať jednoduchým „Amen" a vrúcne sa modliť, až kým nepochopíme duchovný význam Jeho Slova.

Ak pritom dosiahneme plnosť Ducha Svätého, náš duch sa stane pánom a môžeme dosiahnuť duchovnú dimenziu každodenným rozhovorom s Bohom. Ak duša úplne poslúcha pána – ducha, a slúži mu, potom hovoríme, že naša duša „prosperuje". Ak naša duša prosperuje, budeme vo všetkom prosperovať a budeme zdraví.

Ak jasne chápeme funkcie duše a obnovíme ich spôsobom, akým si želá Boh, už viac nebudeme satanom podnecovaní. Týmto spôsobom môžeme obnoviť stratený obraz Boha, ktorý Adam stratil v dôsledku jeho pádu. Potom bude hierarchia medzi duchom, dušou a telom správne stanovená a môžeme sa stať pravými Božími deťmi. A tak môžeme dosiahnuť až za úroveň živého ducha, ktorým bol Adama. Nezískame iba silu a moc nad všetkým vládnuť, ale tiež večnú radosť a šťastie v nebeskom kráľovstve, ktoré je na vyššej úrovni ako raj v Edene. Ako je napísané v 2 Kor 5, 17: *„teda ak je niekto v Kristovi, je novým stvorením, staré veci pominuli, hľa, nové veci prišli,"* staneme sa v Pánovi úplne novým stvorením.

Živý duch a kultivovaný duch

Keď dodržiavame Božie prikázania, ktoré nám zakazujú niečo robiť a prikazujú niečo dodržiavať, znamená to, že nepáchame skutky tela a zostávame v pravde. A postupne sa stávame duchovnými ľuďmi. Pokiaľ sme telesnými ľuďmi a pácháme nepravdu, môžeme čeliť rôznym problémom alebo ochoreniu, ale akonáhle sa staneme duchovnými ľuďmi, budeme vo všetkom prosperovať a budeme zdraví.

Taktiež, ak nasledujúc Boží príkaz odhodíme zlo, naše „telesné veci" a telesné myšlienky budú odstránené, preto budeme mať dušu patriacu pravde. Keďže budeme premýšľať len v pravde, budeme zreteľnejšie počuť hlas Ducha Svätého. Ak budeme plne dodržiavať Božie prikázania, ktoré nám prikazujú dodržiavať, nerobiť alebo odhodiť určité veci, budeme uznaní za duchovných ľudí, lebo v nás už nebude žiadna nepravda. Navyše, ak budeme úplne plniť Božie prikázania, ktoré nám prikazujú niečo robiť, staneme sa ľuďmi celého ducha.

Okrem toho, je veľký rozdiel medzi týmito duchovnými ľuďmi a Adamom, ktorý bol žijúci duch. Adam nikdy nezažil nič telesné prostredníctvom kultivácie ľudstva, a tak nemohol byť považovaný za úplnú duchovnú bytosť. Nikdy nemohol chápať smútok, bolesť, smrť alebo oddelenie, ktoré sú spôsobené telom. To znamená, že nebol schopný skutočného ocenenia, vďačnosti alebo lásky. Aj keď ho Boh veľmi miloval, Adam nedokázal oceniť túto lásku. Dostával síce to najlepšie, ale nemohol cítiť, že bol šťastný. Nemohol byť pravým Božím dieťaťom, ktoré by sa delilo o svoje srdce s Bohom. Až keď človek zažije telesné veci a pozná ich, môže sa stať pravou duchovnou bytosťou.

Keď bol Adam žijúcim duchom, nezažil nič telesné. A preto

151

tam neustále existovala možnosť, že prijme telo a poškvrní sa. Adamov duch nebol úplný a dokonalý duch v pravom slova zmysle, bol to duch, ktorý mohol zomrieť. To je dôvod, prečo sa nazýval živou bytosťou, čo znamená, živý duch. Niektorí ľudia sa pýtajú, ako mohol živý duch podľahnúť pokušeniu satana. Použijem prirovnanie. Predpokladajme, že v rodine sú dve, veľmi poslušné deti. Jedno z nich sa kedysi popálilo horúcou vodou, zatiaľ čo druhé dieťa nebolo ešte nikdy popálené. Jedného dňa matka ukázala na kanvicu s vriacou vodou a povedala im, aby sa jej nedotýkali. Zvyčajne poslúchli matku na každé slovo, a tak sa jej ani jedno dieťa nedotklo. Ale jedno z detí už raz okúsilo, že varná kanvica je nebezpečná, takže ochotne poslúchlo. Taktiež chápe milujúce srdce matky, ktorá sa ich varovaním snaží chrániť. Naopak, zvedavosť druhého dieťaťa, ktoré ešte nemalo takúto skúsenosť, rástla s pohľadom na stúpajúcu paru z kanvice. Nedokáže pochopiť matkin úmysel. Preto je tam stále možnosť, že zo zvedavosti sa jej môže pokúsiť dotknúť.

Bolo to rovnaké so živým duchom Adamom. Počul, že hriechy a zlo sú hrozné, ale nikdy ich nezažil. Nebol schopný presne pochopiť, čo je hriech a zlo. Keďže nezažil relativitu vecí, nakoniec svojou slobodnou vôľou podľahol pokušeniu satana a jedol zakázané ovocie.

Na rozdiel od Adama, živého ducha, ktorý nikdy nechápal relativitu rôznych vecí, Boh chcel pravé deti, ktoré potom, čo zažili telo, dosiahnu duchovné srdce, a ktoré nikdy a za žiadnych okolností nezmenia názor. Budú veľmi dobre chápať kontrast medzi telom a duchom. Na tomto svete okúsili hriechy a zlo, bolesť a smútok, a tak vedia, aké bolestivé, špinavé a nezmyselné je telo. Taktiež veľmi dobre poznajú ducha, ktorý je opakom tela. Vedia, aký je krásny a dobrý. A preto vlastnou slobodnou vôľou už nikdy neprijmú telo. To je rozdiel medzi živým duchom a kultivovaným duchom.

Živý duch bezpodmienečne poslúcha, zatiaľ čo kultivovaný duch poslúcha z hĺbky srdca, pretože zažil dobro aj zlo. Okrem toho, duchovní ľudia, ktorí sa zbavili všetkých hriechov a zla, získajú požehnanie vstúpiť spomedzi rôznych nebeských príbytkov práve do tretieho nebeského kráľovstva a ľudia celého ducha do Nového Jeruzalema.

Duchovná viera je pravá láska

Keď sa rastom našej viery staneme duchovnými ľuďmi, budeme cítiť šťastie a radosť v úplne inom rozmere. Budeme mať v srdci pravý pokoj. Budeme sa neustále radovať, bez prestania sa modliť a za všetko ďakovať, ako je napísané v 1 Tes 5, 16-18. Budeme rozumieť srdcu a vôli Boha, ktorý nám dáva pravé šťastie, a tak budeme Boha milovať pravým srdcom a vzdávať Mu vďaky.

Počuli sme, že Boh je láska, ale predtým, než sa staneme duchovnými ľuďmi, nemôžeme túto lásku skutočne poznať. Až keď pochopíme Božiu prozreteľnosť prostredníctvom procesu kultivácie ľudstva, môžeme úplne pochopiť, že Boh je láska sama, a ako Ho máme nadovšetko milovať. Keď neodstránime z našich sŕdc telo, naša láska a vďaka nie sú pravdivé. Aj keď hovoríme, že milujeme Boha a sme mu vďační, meníme smer nášho života, keď už niečo nie je pre nás prínosom. Hovoríme, že sme vďační, keď sa veci vyvíjajú dobre, ale po čase na milosť zabúdame. Ak čelíme ťažkých chvíľam, namiesto toho, aby sme si spomenuli na milosť, sme frustrovaní alebo dokonca nahnevaní. Zabúdame na vďačnosť a milosť, ktoré sme dostali.

Ale vďakyvzdanie duchovných ľudí pochádza z hĺbky ich sŕdc, preto sa nikdy nemení ani v priebehu času. Chápu Božiu prozreteľnosť, ktorá kultivuje ľudské bytosti aj napriek všetkej neznesiteľnej bolesti z toho pochádzajúcej a z hĺbky sŕdc Mu vzdávajú skutočnú vďaku. Tiež skutočne milujú Pána Ježiša, ktorý za nás vzal kríž a ďakujú Jemu a Duchu Svätému, ktorý nás vedie k pravde. Ich láska a vďaka sa nikdy nemení.

K svätosti

Ľudia boli skazení hriechmi, ale potom, čo prijali Ježiša Krista a získali milosť spásy, môžu sa vierou a mocou Ducha Svätého zmeniť. Potom môžu prekročiť úroveň živého ducha. Do tej miery, do akej sa zbavili nepravdy a naplnili pravdou, môžu sa dosiahnutím svätosti stať duchovnými ľuďmi.

Vo väčšine prípadoch, keď ľudia vidia zlé veci, spoja to, čo vidia s nepravdou v nich, so zlými pocitmi a myšlienkami. Preto majú predpoklady na konanie zlých skutkov. Ale tí, ktorí sú svätí, nemajú v sebe nepravdu, a tak nemajú žiadne zlé myšlienky a nekonajú zlé skutky. V prvom rade zlé veci nevidia, a aj keď takéto veci uvidia, nespájajú ich so zlými myšlienkami alebo skutkami.

Za svätých sme považovaní vtedy, keď sme si vytvorili čisté srdce bez akejkoľvek chyby alebo vady, odstránením dokonca aj zla, ktoré bolo v hĺbke nášho srdca. Tí, ktorí majú len duchovné myšlienky, konkrétne tí, ktorí vidia, počujú, hovoria a konajú iba v pravde, sú pravé Božie deti, ktoré prekročili úroveň ducha.

Ako je zaznamenané v 1 Jn 5, 18: „*Vieme, že nik, kto sa narodil z Boha, nehreší, ale chráni ho ten, ktorý sa narodil z Boha, a Zlý sa ho nedotkne,*" v duchovnej ríši je silou bezhriešnosť. Nemať žiadny hriech je svätosť. Z tohto dôvodu môžeme obnoviť moc, ktorá bola daná žijúcemu duchu Adamovi, a poraziť a podmaniť si nepriateľa diabla a satana do tej miery, do akej sme odhodili hriechy.

Keď sa staneme duchovnými ľuďmi, diabol sa už nás viac nebude môcť dotknúť, a keď sa staneme ľuďmi celého ducha a nahromadíme si dobrotu a lásku, budeme schopní vykonávať mocné skutky Ducha Svätého a robiť veľké a úžasné veci.

Môžeme sa stať duchovnými ľuďmi a ľuďmi celého ducha tým, že sa staneme svätými (1 Sol 5, 23). Ak budeme uvažovať o Bohu, ktorý kultivuje ľudstvo a vydržal s ním tak dlho, aby získal pravé deti, potom môžeme pochopiť, že najvýznamnejšou vecou v živote je stať sa duchovnými ľuďmi a ľuďmi celého ducha.

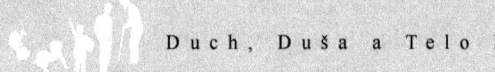
Duch, Duša a Telo I

Časť 3

Obnova ducha

Som telesným alebo duchovným človekom?
V čom sa líši duch a celý duch?

Ježiš odpovedal: „Veru, veru, hovorím ti:
Ak sa niekto nenarodí z vody a z Ducha,
nemôže vojsť do Božieho kráľovstva.
Čo sa narodilo z tela, je telo,
a čo sa narodilo z Ducha, je duch."
- Jn 3, 5-6

Kapitola 1

Duch a celý duch

Ľudstvo potrebuje spásu, pretože ich duchovia sú mŕtvi.
Náš kresťanský život je proces rastu ducha dovtedy,
až kým nebude obnovený.

- Čo je duch?

- Obnova ducha

- Proces rastu ducha

- Kultivácia dobrej pôdy

- Zvyšky tela

- Dôkaz, že som celým duchom

- Požehnania dávané duchovným ľuďom a ľuďom celého ducha

Ľudský duch zomrel v dôsledku Adamovho hriechu. Od tej doby sa pánom stala duša. Ľudia neustále prijímajú nepravdu a nasledujú žiadostivosti. A nakoniec nebudú môcť byť spasení. Vzhľadom k tomu, že sú riadení dušou, ktorá je pod vplyvom satana, páchajú hriechy a idú do pekla. To je dôvod, prečo všetci ľudia potrebujú byť spasení. Boh hľadá pravé deti, ktoré sú spasené prostredníctvom kultivácie ľudstva, to znamená, že hľadá duchovných ľudí a ľudí celého ducha.

Ako hovorí 1 Kor 6, 17: *„Ale kto sa spája s Pánom, je s ním jeden Duch."* Pravé Božie deti sú tie, ktoré sú duchovne spojené s Ježišom Kristom. Keď prijmeme Ježiša Krista, s pomocou Ducha Svätého začneme žiť v pravde. Ak žijeme v pravde v plnom rozsahu, znamená to, že sme sa stali duchovnými ľuďmi, ktorí majú srdce Pána. To je vtedy, keď sme s Pánom jeden duch. Aj keď sme sa stali jedným duchom, Boží duch a duch človeka sa navzájom odlišujú. Boh je duch bez fyzického tela, ale duch človeka sa nachádza vo fyzickom tele. Boh má podobu ducha, ktorý patrí do neba, zatiaľ čo ľudia majú podobu ducha vo fyzickom tele, ktoré je stvorené z prachu zeme. Je tu obrovský rozdiel medzi Bohom Stvoriteľom a ľuďmi, ktorí sú Jeho stvorením.

Čo je duch?

Mnoho ľudí si myslí, že slovo „duch" je zameniteľné so slovom „duša". Slovník Merriam-Webster's Dictionary hovorí, že duch je „oživujúci alebo zásadný princíp, ktorý dáva život fyzickým organizmom alebo je to nadprirodzená bytosť, či podstata". Ale duch z Božieho pohľadu je niečo, čo nikdy neumrie, nikdy nezmizne ani sa nezmení, a je večné. Je to život a pravda sama. Ak by sme na tejto zemi chceli nájsť niečo, čo má charakteristiku ducha, bolo by to zlato. Jas zlata sa nikdy nemení ani s odstupom času, ani nikdy nemizne. Z tohto dôvodu Boh prirovnal našu vieru k rýdzemu zlatu a aj nebeské príbytky stavia zo zlata a iných drahých kameňov.

Prvý človek Adam dostal časť pôvodnej prirodzenosti Boha, keď mu Boh do nozdier vdýchol dych života. Bol stvorený ako nedokonalý duch. To je preto, lebo pre neho existovala možnosť obrátiť sa späť na telesné stvorenie s charakteristikami pôdy. Nebol iba „duchom". Bol „živým duchom", ktorý bol „živou bytosťou".

Prečo Boh stvoril Adama ako živého ducha? Je to preto, lebo chcel, aby Adam šiel až za hranice živého ducha tým, že zažije telo prostredníctvom kultivácie ľudstva a stane sa človekom celého ducha. Toto sa netýka len Adama, ale všetkých jeho potomkov. Z tohto dôvodu Boh ešte pred vekmi pripravil Spasiteľa Ježiša a pomocníka Ducha Svätého.

Obnova ducha

Adam žil dlhú dobu v raji Edenu ako živý duch, ale nakoniec, v dôsledku jeho hriechu jeho komunikácia s Bohom už nebola možná. Vtedy začal satan do neho cez jeho dušu vnášať poznanie nepravdy. V tomto procese sa poznanie ducha, ktoré dostal od Boha, začalo vytrácať a bolo nahradené poznaním tela, ktoré je poznaním nepravdy danej satanom. Postupom času poznanie tela stále viac a viac napĺňalo ľudí. Nepravda pokryla a udusila semeno života v človeku. Bolo to, ako keby nepravda obmedzila a pohltila semeno života tak, aby sa stalo úplne neaktívnym. Keď sa semeno života stane úplne neaktívnym, hovoríme, že duch je „mŕtvy". Keď povieme, že duch je mŕtvy, znamená to, že Božie svetlo, ktoré môže oživiť semeno života, zmizlo. Čo teda musíme urobiť, aby sme obnovili mŕtveho ducha?

Po prvé, musíme byť narodení z vody a z Ducha

Keď počúvame Božie slovo, ktoré je pravda a prijmeme Ježiša Krista za svojho osobného Spasiteľa, Boh nám do našich sŕdc dáva dar Ducha Svätého. Ježiš v Jn 3, 5 povedal: *„Veru, veru, hovorím ti: Ak sa niekto nenarodí z vody a z Ducha, nemôže*

vojsť do Božieho kráľovstva. " Z tohto môžeme vidieť, že
môžeme byť spasení iba vtedy, keď sa narodíme z vody, ktorou je
Božie slovo, a z Ducha Svätého.

Duch Svätý prichádza do našich sŕdc a spôsobuje, že semeno
života ožíva. Toto je obnovenie nášho mŕtveho ducha. Pomáha
nám odhodiť telo, ktoré je nepravda, zničiť nepravdivé funkcie
duše a napĺňa nás poznaním pravdy. Ak nedostaneme Ducha
Svätého, náš mŕtvy duch nemôže byť obnovený a nemôžeme
pochopiť duchovný význam Božieho slova. Slovo, ktoré
nemôžeme pochopiť, nemôže byť zasadené v našom srdci a
nemôžeme získať duchovnú vieru. Duchovné pochopenie a vieru
veriť z hĺbky srdca môžeme mať len s pomocou Ducha Svätého.
Okrem tohto, keď sa modlíme, môžeme získať silu dodržiavať
Božie slovo a podľa neho aj žiť. Bez Jeho pomoci získanej
prostredníctvom modlitieb nemáme silu Slovo dodržiavať.

Po druhé, musíme neustále rodiť ducha skrze Ducha

Akonáhle je náš mŕtvy duch obnovený tým, že dostane Ducha
Svätého, musíme ho neustále napĺňať poznaním pravdy. Toto je
zrodenie ducha skrze Ducha. Ak sa s pomocou Ducha Svätého
vrúcne modlíme za boj proti hriechom až po krvipreliatie,
odstránime zo sŕdc zlo a nepravdu. Navyše, do tej miery, do akej
prijímame poznanie pravdy dodávané Duchom Svätým, ako
láska, dobrota, pravdivosť, láskavosť a pokora, budeme mať v
srdci stále viac a viac pravdy a dobroty. Inými slovami, prijatie

pravdy skrze Ducha Svätého je zvrátenie krokov v procese, ktorým sa od pádu Adama ľudstvo stalo skazené. Existujú ľudia, ktorí dostali Ducha Svätého, ale nezmenili svoje srdce. Nenasledujú túžby Ducha Svätého, ale namiesto toho aj naďalej žijú v hriechu nasledujúc túžby tela. Spočiatku sa snažia odhodiť hriechy, ale v určitom okamihu sa stanú vlažnými vo viere a prestanú proti hriechom bojovať. Od okamihu, kedy prestanú bojovať proti hriechom, spriatelia sa so svetom alebo páchajú hriechy. Ich srdce, ktoré sa stávalo čím ďalej čistejším a belším, sa znovu ušpiní hriechom. Aj keď dostaneme Ducha Svätého, ale naše srdce je neustále nasiaknuté nepravdou, semeno života v nás nemôže získať silu.

1 Tes 5, 19 nás varuje: *„Ducha neuhášajte."* Môžeme dosiahnuť stav, kedy máme meno, akoby sme žili, ale pokiaľ sa nezmeníme, keď dostaneme Ducha Svätého, sme mŕtvi (Zjv 3, 1). Preto, aj keď sme dostali Ducha Svätého, bude tento Duch Svätý postupne uhasený, ak budeme žiť v hriechu a zlobe.

Preto sa musíme neustále snažiť zmeniť naše srdce, až kým sa nestane úplným srdcom pravdy. 1 Jn 2, 25 hovorí: *„A prisľúbenie, ktoré nám dal on, je večný život."* Áno, Boh nám dal prísľub. Ale s ním je spojená podmienka.

Podmienkou je to, že musíme byť zjednotení s Pánom a Bohom dodržiavaním vypočutého Božieho slova, aby nám Boh dal večný život. Nemôžeme získať spasenie, iba tým, že povieme, že veríme v Pána, ak nežijeme v Bohu a v Pánovi.

Process rastu ducha

Jn 3, 6 hovorí: *„Čo sa narodilo z tela, je telo, a čo sa narodilo z Ducha, je duch."* Ako je napísané, nemôžeme zrodiť ducha, ak zostávame v tele.

Preto, keď dostaneme Ducha Svätého a náš mŕtvy duch bude obnovený, duch musí neustále rásť. Čo ak dieťa nerastie správne alebo prestane úplne rásť? Dieťa by nebolo schopné viesť normálny život. Je to rovnaké s duchovným životom. Tie Božie deti, ktorí získali život, musia zväčšovať svoju vieru a podporovať rast ich ducha. Biblia nám hovorí, že miera viery každého človeka je iná. Jn 2, 12-14 nám hovorí o rôznych stupňoch viery rozdeľovaním na vieru malých detí, detí, mládencov a otcov:

„Píšem vám, deti: Pre jeho meno máte odpustené hriechy. Otcovia, vám píšem: Poznali ste toho, ktorý je od počiatku. Mládenci, vám píšem: Premohli ste Zlého. Napísal som vám, deti: Poznali ste Otca. Napísal som vám, otcovia: Poznali ste toho, ktorý je od počiatku. Napísal som vám, mládenci: Ste silní, Božie slovo ostáva vo vás a premohli ste Zlého."

Do akej miery zmeníme samých seba, aby sme mali pravé srdce, do takej miery nám Boh zhora dáva vieru. Je to viera, s ktorou môžeme veriť z hĺbky srdca, čo znamená „zrodenie ducha skrze Ducha". To je to, čo robí Duch Svätý: Duch Svätý nám umožňuje zrodiť ducha a pomáha nám zväčšovať našu vieru. Duch Svätý prichádza do našich sŕdc a učí nás o hriechu, spravodlivosti a súde (Jn 16, 7-8). On nám pomáha veriť v Ježiša Krista. On nám tiež pomáha uvedomiť si duchovný význam obsiahnutý v Božom slove a prijať ho do nášho srdca. Týmto spôsobom môžeme obnoviť obraz Boha a stať sa pravým Božím dieťaťom, ktoré je duchovným človekom a človekom celého ducha.

Pre rast nášho ducha musíme najprv zničiť telesné myšlienky. Telesné myšlienky vznikajú vtedy, keď sa nepravdy v našich srdciach prejavia navonok prostredníctvom nepravdivých funkcií duše. Napríklad, ak máte v srdci zlo a budete počuť, ako vás niekto ohovára, najprv budete mať nepravdivé funkcie duše. Budete mať telesné myšlienky, mysliac si, že ten človek je drzý a urazíte sa, a môžu sa objaviť aj iné negatívne pocity. V tejto chvíli je to satan, ktorý ovláda dušu. Satan je ten, ktorý vkladá zlé myšlienky. Prostredníctvom týchto funkcií duše vznikajú v srdci nepravdy, ktoré sú telesnými vecami, ako je temperament, nenávisť, negatívne pocity a hrdosť. Namiesto toho, aby ste sa snažili ostatných pochopiť, budete ihneď chcieť tohto človeka konfrontovať.

Tieto telesné veci, ktoré už boli spomenuté skôr, tiež patria k telesným myšlienkam. Ak sa presvedčenie o vlastnej pravde, vlastné chápanie alebo vlastné teórie človeka prejavia navonok prostredníctvom funkcie duše, sú to tiež telesné veci.

Predpokladajme, že človek má určitý druh systému myslenia, s ktorým sa domnieva, že je nesprávne vo viere robiť kompromisy. Potom bude jednoducho presvedčený, že jeho myšlienky sú správne a naruší pokoj s ostatnými, aj v situáciách, kedy by mal zvážiť mieru viery ostatných ľudí a ďalšie okolnosti. Tiež predpokladajme, že človek je o niečom pevne presvedčený a domnieva sa, že bude ťažké to dosiahnuť zvažujúc realitu situácie. Potom je to tiež považované za telesnú myšlienku.

Dokonca aj potom, čo dostaneme Ducha Svätého tým, že prijmeme Pána Ježiša, ešte stále máme telesné myšlienky do tej miery, do akej máme telo, ktoré sme ešte neodstránili. Máme duchovné myšlienky, keď získame poznanie pravdy, ktorou je Božie Slovo, ale máme telesné myšlienky, keď je obnovené poznanie nepravdy. Duch Svätý nemôže aktivovať poznanie pravdy v rovnakom rozsahu, v akom máme tieto telesné myšlienky.

To je dôvod, prečo Rim 8, 5-8 hovorí: *„Lebo tí, čo žijú podľa tela, zmýšľajú telesne, ale tí, čo žijú podľa Ducha, zmýšľajú duchovne. A zmýšľať podľa tela je smrť, kým zmýšľať podľa Ducha je život a pokoj. Veď zmýšľať podľa tela je nepriateľstvom voči Bohu, lebo sa nepodriaďuje Božiemu zákonu – a ani sa nemôže. A tak tí, čo žijú telesne, nemôžu sa páčiť Bohu."*

Táto pasáž hovorí, že úroveň ducha môžeme dosiahnuť iba vtedy, keď odstránime telesné myšlienky. Tí, ktorí zostávajú v tele, nemôžu skoncovať s telesnými myšlienkami, a ako výsledok majú myšlienky, slová a správanie, ktoré sú proti Bohu.

Jedným z najzjavnejších príkladov postavenia sa proti Bohu kvôli telesným myšlienkam je prípad kráľa Šaula v 1 Sam 15. Boh mu nariadil napadnúť Amálekovcov a všetko zničiť. To bolo súčasťou trestu, ktorý mali dostať za to, že sa v minulosti vážne postavili proti Bohu. Ale potom, čo Šaul vyhral bitku, priniesol dobrý dobytok so slovami, že ho chcel obetovať Bohu. Kráľa Amálekovcov zajal, namiesto toho, aby ho zabil. Chcel sa pochváliť svojim činom. Neposlúchol kvôli telesným myšlienkam pochádzajúcim z jeho chamtivosti a arogancie. Keďže jeho oči boli zaslepené chamtivosťou a aroganciou, pokračoval v nasledovaní telesných myšlienok a nakoniec čelil hroznej smrti.

Základnou príčinou telesných myšlienok sú nepravdy v srdci. Ak v srdci máme iba poznanie pravdy, telesné myšlienky nemôžeme nikdy mať. Tí, ktorí nemajú žiadne telesné myšlienky, majú iba duchovné myšlienky. Počúvajú hlas a vedenie Ducha Svätého, takže môžu byť Bohom milovaní a zažiť Jeho diela. Preto platí, že musíme poctivo odstrániť nepravdu a naplniť sa iba poznaním pravdy, ktorou je Božie slovo. Naplniť sa poznaním pravdy neznamená, že to budeme vedieť len v našich mysliach, ale Božím slovom musíme naplniť a kultivovať naše srdce. Zároveň musíme nahradiť vlastné myšlienky duchovnými myšlienkami. Pri stretnutí s ostatnými, alebo keď vidíme určité udalosti, nemali by sme ich súdiť a odsúdiť na základe vlastného názoru, ale musíme sa ich snažiť vidieť v pravde. Aby sme sa dokázali zmeniť, musíme neustále kontrolovať, či sa k ostatným správame s dobrotou, láskou a pravdivosťou v každom okamihu. Týmto spôsobom môžeme duchovne rásť.

Kultivovácia dobrej pôdy

Prís 4, 23 hovoria: *„ Veľmi stráž svoje srdce, lebo z neho (vyvierajú) žriedla života. "* Tento verš hovorí, že zdroj života, ktorý nám dáva večný život, pochádza zo srdca. Plody môžeme zbierať až potom, čo sme na poli zasiali semená, aby mohli vyklíčiť, zakvitnúť a priniesť plody. Rovnako aj my môžeme prinášať duchovné plody až vtedy, keď semená Božieho slova padli na pole nášho srdca.

Keď je Božie slovo, ktoré je zdrojom života, zasiate do srdca, má dva druhy funkcií. Zo srdca vyoráva hriechy a nepravdy a pomáha prinášať plody. V Biblii je veľké množstvo prikázaní, ale príkazy spadajú do jednej zo štyroch kategórií: rob; nerob; dodržiavaj a odstráň určité veci. Biblia nám, napríklad, hovorí, aby sme „odstránili" nenásytnosť a všetky formy zla. Taktiež, príkladmi „nerob" môžu byť „neprechovávaj nenávisť" alebo „nesúď". Keď tieto príkazy dodržiavame, hriechy zo srdca budú odstránené. To znamená, že Božie slovo vchádza do nášho srdca a kultivuje ho na dobrú pôdu.

Ale bolo by zbytočné, keby sme iba zorali pôdu. Do zoranej pôdy musíme zasiať semená pravdy a dobra, aby sme mohli prinášať deväť ovocí Ducha Svätého, požehnania Blahoslavenstiev a duchovnú lásku. Prinášať plody znamená nasledovať príkazy, ktoré nám prikazujú dodržiavať a robiť určité veci. Keď Božie prikázania dodržiavame a uplatňujeme, nakoniec budeme prinášať plody.

Proces premeny na duchovného človeka, ako je uvedené v prvej časti tejto kapitoly „Kultivácia", je rovnaký ako kultivácia poľa nášho srdca. Oraním pôdy, odstraňovaním kameňov a vyťahovaním buriny meníme neobrábané pole na pole s dobrou pôdou. Podobne, v poslušnosti k Božiemu slovu, ktoré nám hovorí, aby sme „nerobili" a „odstránili" určité veci, musíme odhodiť všetky skutky tela a telesné veci. V každom človeku sú rôzne druhy zla. Preto, ak vytiahneme koreň zla, ktoré je pre nás najťažšie odstrániť, budú spolu s ním odstránené všetky ostatné formy zla k nemu pripojené. Napríklad, ak človek, ktorý má v sebe veľa žiarlivosti, vytiahne žiarlivosť, iné formy zla k nej pripojené, ako nenávisť, ohováranie a lož, budú odstránené spolu s ňou.

Akonáhle vytiahneme hlavný koreň hnevu, budú iné formy zla, ako je podráždenie a frustrácia, vytiahnuté spolu s ním. Keď sa modlíme a pokúsime sa odhodiť hnev, Boh nám dáva milosť a silu, a Duch Svätý nám pomáha ho odstrániť. Keď budeme Slovo pravdy uplatňovať v každodennom živote, budeme mať plnosť Ducha Svätého a sila tela bude oslabená. Predpokladajme, že človek sa nahneval desaťkrát denne, ale ako sa množstvo znižuje na deväťkrát, sedemkrát až päťkrát denne, nakoniec úplne zmizne. Ak odstránením všetkých hriešnych prirodzeností zmeníme naše srdce na dobrú pôdu, to srdce sa zmení na „duchovné" srdce.

Navyše, musíme zasadiť Slovo pravdy, ktoré nám hovorí

169

robiť a dodržiavať niektoré veci, ako je milovať, odpúšťať, slúžiť druhým, a dodržiavať Pánov deň svätý. Nemôžeme sa naplniť pravdou, až kým sa nezbavíme všetkých neprávd. Odstránenie neprávd a ich nahradenie pravdami musí byť vykonané v rovnakom čase. Akonáhle budeme mať týmto spôsobom v srdci iba pravdu, môžeme byť považovaní za duchovného človeka.

Jedna z vecí, ktorú musíme odhodiť, aby sme sa stali duchovným človekom, je zlo, ktoré je v našej pôvodnej prirodzenosti. Ak to prirovnáme k pôde, toto zlo v pôvodnej prirodzenosti predstavuje charakteristiky pôdy. Toto zlo sa dedí z rodičov na deti prostredníctvom životnej energie alebo tzv. „chi". Ak prichádzame do styku so zlými vecami a počas nášho rastu ich prijímame, v našej prirodzenosti je viac zla. Zlo v našej pôvodnej prirodzenosti nie je v bežných situáciach odhalené, a tak je ťažké si ho uvedomiť.

Aj keď sme odvrhli všetky hriechy a zlo, ktoré sú navonok viditeľné, odstrániť zlo, ktoré je zakotvené hlboko v našej prirodzenosti, nie je niečo, čo sa dá veľmi ľahko dosiahnuť. Aby sme to dokázali urobiť, musíme sa vrúcne modliť a vynaložiť veľa úsilia, aby sme ho našli a odstránili.

V niektorých prípadoch sa po dosiahnutí určitého bodu náš duchovný rast zastaví. Je to v dôsledku zla v našej prirodzenosti. Ak chceme odstrániť burinu, musíme ju vytiahnuť s koreňmi, nestačí odstrániť len listy a stonky. Rovnakým spôsobom môžeme mať duchovné srdce, až keď si uvedomíme zlo v našej prirodzenosti a odstránime ho. Keď sa týmto spôsobom staneme duchovným človekom, naše svedomie bude pravda sama a naše srdce bude naplnené iba pravdou. To znamená, že naše srdce sa stane samotným duchom.

Zvyšky tela

Duchovní ľudia nemajú v srdci zlo, a pretože sú plní Ducha, sú vždy šťastní. Nie sú však dokonalí. Ešte stále v sebe majú „zvyšky tela". Zvyšky tela sú spojené s osobnosťou alebo pôvodnou prirodzenosťou každého človeka. Napríklad, niektorí ľudia sú pravdiví, spravodliví a jednoduchí, ale chýba im veľkorysosť a súcit. Iní môžu byť plní lásky a tešia sa z rozdávania sa druhým, ale môžu byť príliš emocionálni alebo ich slová a správanie môžu byť drsné.

Pretože tieto charakteristiky zostávajú v ich osobnostiach ako zvyšky tela, ovplyvňujú ich aj potom, čo sa stanú duchom. To je takmer rovnaké ako odev so starými škvrnami. Pôvodná farba materiálu už nemôže byť obnovená, ani keď ho poriadne vyperieme. Tieto zvyšky tela nemožno považovať za zlo, ale musíme ich odstrániť a úplne sa naplniť deviatim ovocím Ducha, čo nám umožní stať sa celým duchom. Môžeme povedať, že srdce bez akejkoľvek nepravdy ako dobre zorané pole je „duch". Ak je semeno zasiate do dobre obrobenej pôdy srdca a prináša krásne plody ducha, potom môžeme toto srdce považovať za srdce „celého ducha".

Keď sa kráľ Dávid stal duchom, Boh na neho dopustil skúšku. Jedného dňa Dávid nariadil Joábovi sčítanie ľudu. To znamená, že počítali ľudí, ktorí by mohli bojovať vo vojne. Joáb vedel, že to v Božích očiach nie je v poriadku a snažil sa Dávida od toho odradiť. Ale Dávid ho nepočúval. To rozpútalo Boží hnev a v dôsledku moru zomrelo mnoho ľudí.

Dávid poznal Božiu vôľu veľmi dobre, tak ako mohol spôsobiť niečo také? Dávid bol veľmi dlho prenasledovaný kráľom Šaulom a bojoval v mnohých bitkách s pohanmi. Raz bol dokonca prenasledovaný vlastným synom a jeho život bol v ohrození. Ale po dlhom čase, keď sa jeho politická moc upevnila a moc jeho národa vzrástla, stal sa laxným, pretože jeho myseľ ochabla. Teraz sa chcel chváliť veľkým počtom ľudí v jeho krajine.

Ako je zaznamenané v Ex 30, 12: „*Keď budeš zisťovať počet Izraelitov, ktorí podliehajú sčítaniu, nech pri sčítaní každý odovzdá Pánovi výkupné za svoj život, aby ich pri sčítaní nezastihlo nešťastie.*" Boh kedysi prikázal synom Izraela, aby sčítali ľud po Exoduse, ale to bolo kvôli riadeniu tých ľudí. Každý z nich musel dať za seba Pánovi výkupné a bolo to preto, aby si všetci uvedomili, že život každého z nich existoval len vďaka ochrane Boha, a preto by sa mali pokoriť. Sčítanie ľudu nie je samo o sebe hriechom, mohlo byť v prípade potreby vykonané. Ale Boh chcel pokoru uznaním skutočnosti, že moc mať početný národ pochádza od Neho.

Ale Dávid sčítal ľud, aj keď to neprikázal Boh. Toto v podstate odhalilo jeho srdce, ktoré sa nespoliehalo na Boha, ale na ľudí, pretože to, že mal veľký počet ľudí, znamenalo, že mal mnoho vojakov a jeho národ bol silný. Keď si Dávid uvedomil svoju chybu, ihneď to oľutoval, ale vtedy už kráčal po ceste veľkých skúšok. Mor doľahol na celú krajinu Izrael, kde vzápätí zomrelo sedemdesiattisíc ľudí. Smrť toľkých ľudí nebola spôsobená len Dávidovou aroganciou. Kráľ môže kedykoľvek vykonať sčítanie ľudu a jeho zámerom nie je zhrešiť. Preto z ľudského hľadiska nemôžeme povedať, že zhrešil. Ale v očiach dokonalého Boha sa Dávid nespoliehal na Neho úplne a bol arogantný.

Sú veci, ktoré nie sú v ľudských očiach považované za zlé, ale v očiach dokonalého Boha môžu byť považované za zlo. Sú to „zvyšky tela", ktoré v človeku zostávajú, keď sa stane svätým. Boh dovolil túto skúšku na Izraelitov skrze Dávida, aby ho urobil ešte dokonalejším odstránením takýchto zvyškov tela. Ale hlavným dôvodom, prečo na Izraelitov prišiel mor, boli hriechy ľudu, ktoré vzbudili Boží hnev. 2 Sam 24, 1 hovorí: *„A Boží hnev sa zas rozpálil na Izraelitov. Ktosi pokúšal Dávida proti nim, keď mu hovoril: ,Choď, spočítaj Izrael a Júdu!'"*

Dobrí ľudia, ktorí mohli byť spasení, neboli počas moru potrestaní. Ľudia, ktorí zomreli, boli tí, ktorí sa dopustili Bohom neprijateľných hriechov. Ale Dávid, keď videl umierať ľud kvôli jeho správaniu, veľmi trúchlil a konal dôkladné pokánie. A tak Boh konal dvakrát prostredníctvom jediného incidentu. Potrestal hriešnych ľudí, a zároveň zušľachtil Dávida.

Po potrestaní Boh Dávidovi dovolil, aby Mu priniesol obetu za hriech v humne Aravnu. Dávid urobil to, čo mu Boh prikázal.

Prijal to miesto a začal pripravovať stavbu chrámu, preto môžeme vidieť, že obnovil Božiu milosť. Prostredníctvom tohto procesu sa Dávid ešte viac pokoril a bol to pre neho krok k celému duchu.

Dôkaz, že som celým duchom

Keď dosiahneme úroveň celého ducha, bude to sprevádzané dôkazmi, čo znamená, že budeme bohato prinášať plody ducha. Ale to neznamená, že nebudeme prinášať žiadne ovocie, kým nedosiahneme úroveň celého ducha. Duchovní ľudia počas rastu prinášajú plody duchovnej lásky, ovocie Svetla, deväť plodov Ducha Svätého a Blahoslavenstvá. Vzhľadom k tomu, že sa ešte stále nachádzajú v procese prinášania ovocia, ešte nepriniesli dokonalé plody. Každý duchovný človek má rôzne úrovne prinášania duchovného ovocia.

Napríklad, ak niekto nasleduje Božie príkazy, ktoré nám hovoria, aby sme „dodržiavali" a „odhodili" niektoré veci, v žiadnej situácii by v sebe nemal žiadnu nenávisť alebo zlé pocity. Ale vo vzťahu k príkazu Boha, ktorý nám hovorí, aby sme určité veci „robili", medzi duchovnými ľuďmi existujú rozdiely v miere prinášania ovocia. Napríklad, Boh nám hovorí, aby sme „milovali". Na jednej úrovni jednoducho neprechovávate k ostatným nenávisť, zatiaľ čo na ďalšej úrovni sa dotýkate sŕdc ostatných ľudí aktívnou službou. Je tu aj úroveň, na ktorej za ostatných dáte aj vlastný život. Ak sa tento druh skutku nikdy nemení a je dokonalý, môžeme povedať, že ste sa stali celým duchom.

Medzi ľuďmi existujú tiež rozdiely v miere prinášania ovocia Ducha Svätého. Niektorí duchovní ľudia prinášajú určité ovocie v 50% miere z najplnšej miery a iné ovocie až v 70% miere z najplnšej miery. Človek môže byť hojný v láske, ale chýba mu sebaovládanie alebo je veľmi verný, ale chýba mu miernosť. Ale ľudia celého ducha prinášajú každé ovocie Ducha Svätého v najplnšej miere. Duch Svätý hýbe ich srdcom a riadi ho na 100%, a preto sú všetky ich stránky v rovnováhe a v ničom nemajú nedostatok. Majú horiacu vášeň pre Pána, a zároveň majú dokonalé sebaovládanie správať sa vhodne v každej situácii. Sú jemní a mierní ako kus bavlny, a aj napriek tomu majú dôstojnosť a moc ako lev. Majú lásku na hľadanie výhod vo všetkom pre ostatných, a dokonca obetovať za iných aj vlastný život, ale nemajú žiadne predsudky. Nasledujú Božiu spravodlivosť. Aj keď im Boh prikazuje urobiť niečo ľudskými schopnosťami nemožné, poslúchnu Ho jednoduchým „áno" a „Amen".

Skutky poslušnosti duchovných ľudí a ľudí celého ducha vyzerajú navonok rovnako, ale v skutočnosti sa líšia. Duchovní ľudia poslúchajú, pretože Boha milujú, zatiaľ čo ľudia celého ducha poslúchajú, pretože chápu hlboké Božie srdce a Boží zámer. Ľudia celého ducha sa stali pravými Božími deťmi, ktoré majú Jeho srdce, pretože v každom aspekte dosiahli plnú mieru Krista. Vo všetkom nasledujú svätosť, s každým sú v mieri a sú verní v celom Božom dome.

V 1 Tes 4, 3 hovorí: „*Lebo to je Božia vôľa, vaše posvätenie: to znamená, že aby ste sa zdržiavali smilstva.*" A v 1 Tes 5, 23 hovorí: „*Sám Boh pokoja nech vás celých posvätí, aby sa zachoval váš duch neporušený a duša i telo bez úhony, keď príde náš Pán Ježiš Kristus.*"

Príchod nášho Pána Ježiša Krista znamená, že On príde pred začiatkom sedemročného veľkého súženia, aby si vzal Jeho deti. To znamená, že musíme dosiahnuť úroveň celého ducha a zachovať sa celí na stretnutie s Pánom predtým, ako sa toto stane. Akonáhle dosiahneme celého ducha, naša duša a telo budú patriť duchu, a keďže budeme bezúhonní, budeme môcť prijať Pána.

Požehnania dávané duchovným ľuďom a ľuďom celého ducha

Ak duša duchovných ľudí prosperuje, budú vo všetkom prosperovať a budú zdraví (3 Jn 1, 2). Odstránili dokonca aj zlo z hĺbky srdca, preto sú svätými Božími deťmi v pravom slova zmysle. A preto sa ako deti Svetla môžu tešiť duchovnej moci.

Po prvé, sú zdraví a neohrozujú ich žiadne choroby. Akonáhle sa staneme duchom, Boh nás chráni pred chorobami a nehodami a my si môžeme vychutnávať zdravý život. Aj keď dosiahneme vysoký vek, nezostarneme, nebudeme slabí a nebudeme mať žiadne vrásky. Navyše, ak sa staneme celým duchom, dokonca aj naše vrásky sa stratia. Budeme ešte mladší a obnovíme svoju silu.

Keď Abrahám prešiel skúškou obety Izáka, stal sa človekom celého ducha; plodil deti aj vo veku 140 rokov. Znamená to, že sa zotavil. Mojžiš bol skromnejší a pokornejší, než ktokoľvek iný na tejto zemi, a tak intenzívne pracoval ešte 40 rokov potom, čo počul Božie volanie vo veku 80 rokov. Aj keď mal 120 rokov, *„oči sa mu nezakalili a jeho životná sila sa nepodlomila"* (Dt 34, 7).

Po druhé, duchovní ľudia nemajú v srdci žiadne zlo, takže nepriateľ diabol a satan ich nemôže nijako pokúšať. 1 Jn 5, 18 hovorí: *„Vieme, že nik, kto sa narodil z Boha, nehreší, ale chráni ho ten, ktorý sa narodil z Boha, a Zlý sa ho nedotkne."* Nepriateľ diabol a satan obviňuje telesných ľudí a zosiela na nich veľa skúšok a prekážok.

Jób bol spočiatku v stave, kedy neodstránil všetko zlo z jeho prirodzenosti, a tak, keď ho satan pred Bohom obvinil, Boh dovolil, aby čelil skúškam. Keď Jób čelil skúškam, ktoré boli spôsobené obvineniami satana, uvedomil si zlo a oľutoval to. Ale keď odstránil aj zlo z jeho prirodzenosti a stal sa duchom, satan ho už viac nemohol obviňovať. Takže Boh ho požehnal dvakrát toľko, ako predtým.

Po tretie, duchovní ľudia jasne počujú hlas a dostávajú rady Ducha Svätého, takže sú vo všetkom vedení na cestu

prosperity. Srdce duchovných ľudí sa tiež zmenilo na pravdu, a preto žijú podľa Božieho slova. Všetko, čo robia, je v súlade s pravdou. Dostávajú jasné rady od Ducha Svätého a nasledujú ich. Ak sa za niečo modlia, vytrvajú s nemennou vierou, až kým ich modlitba nie je vyslyšaná.

Ak budeme takto stále poslúchať, Boh nás povedie a dá nám múdrosť a chápanie. Ak všetko necháme úplne v Božích rukách, On nás ochráni, aj keď omylom pôjdeme cestou, ktorá nie je v súlade s Jeho vôľou, a aj keď tam bude pre nás pripravená jama, On nás nechá prejsť okolo nej a všetko dobre dopadne.

Po štvrté, duchovní ľudia rýchlo dostanú všetko, o čo prosia, môžu dokonca získať odpoveď už len sformovaním myšlienky v srdci. 1 Jn 3, 21-22 hovorí: *„Milovaní, ak nám srdce nič nevyčíta, máme dôveru k Bohu a dostaneme od neho všetko, o čo len budeme prosiť, lebo zachovávame jeho prikázania a robíme, čo sa jemu páči."* Dostanú takéto požehnanie.

Dokonca aj tí, ktorí nemajú žiadne zvláštne zručnosti alebo poznanie, môžu získať nielen duchovné požehnanie, ale aj materiálne požehnanie v hojnosti, v prípade, že sa stanú duchom, pretože Boh pre nich všetko pripraví a povedie ich.

Keď sejeme a prosíme s vierou, dostaneme požehnanie v miere natlačenej, nariasenej a pretekajúcej (Lk 6, 38), ale akonáhle sa staneme duchom, budeme žať 30-krát viac, a keď sa staneme celým duchom, budeme žať 60- až 100-krát viac. Duchovní ľudia a ľudia celého ducha môžu dostať všetko už len pri pomyslení v srdci.

Požehnanie dávané ľuďom celého ducha nie je možné dostatočne opísať. Majú zaľúbenie v Bohu, preto sa Boh z nich raduje, ako je napísané v Ž 37, 4: *„Hľadaj radosť v Pánovi a dá ti, za čím túži tvoje srdce."* Boh im dáva všetko, čo potrebujú, či už sú to peniaze, sláva, moc alebo zdravie. Takí ľudia nebudú mať v ničom nedostatok, a preto nemajú nič, za čo by sa mali pre seba modliť. Preto sa vždy modlia za Božie kráľovstvo a Jeho spravodlivosť a za duše, ktoré nepoznajú Boha. Ich modlitby sú krásne a majú silnú vôňu stúpajúcu k Bohu, pretože ich modlitby sú dobré, bez akéhokoľvek zla a sú za duše. To je dôvod, prečo sa z nich Boh tak veľmi raduje.

Keď tí, ktorí sa stali celým duchom, milujú duše a vrúcne sa modlia, môžu tiež prejavovať úžasnú moc, ako je napísané v Sk 1, 8: *„ale keď zostúpi na vás Svätý Duch, dostanete silu a budete mi svedkami v Jeruzaleme i v celej Judei aj v Samárii a až po samý kraj."* Ako už bolo vysvetlené, duchovní ľudia a ľudia celého ducha milujú Boha v maximálnej miere a potešujú Ho a dostávajú všetky požehnania prisľúbené v Biblii.

Kapitola 2
Pôvodný Boží plán

Boh nechcel, aby Adam žil večne bez poznania pravého šťastia,
radosti, vďačnosti a lásky.
Z tohto dôvodu do raja umiestnil strom poznania dobra a zla,
aby Adam mohol nakoniec zažiť všetky telesné veci.

- Prečo Boh nestvoril ľudí ako duchov?

- Význam slobodnej vôle a uchovávania v pamäti

- Účel stvorenia ľudských bytostí

- Boh chce byť oslavovaný pravými deťmi

Kultivácia ľudstva je proces, ktorým sa telesní ľudia menia na duchovných ľudí. Ak túto skutočnosť nepochopíme a iba budeme chodiť do kostola, nie je v tom žiadny zmysel. Existuje mnoho ľudí, ktorí chodia do kostola, ale nenarodili sa znovu z Ducha Svätého, a preto nemajú istotu spasenia. Účelom života v kresťanskej viere nie je len získať spasenie, ale je ním tiež obnovenie obrazu Boha, delenia sa o lásku s Bohom a vzdávania Mu slávy naveky ako Jeho pravé deti.

Čo je teda pôvodný Boží zámer v stvorení Adama ako živého ducha a v procese kultivácie ľudstva na tejto zemi? Gn 2, 7-8 hovorí: „*Vtedy Pán, Boh, utvoril z hliny zeme človeka a vdýchol do jeho nozdier dych života. Tak sa stal človek živou bytosťou. Potom Pán, Boh, vysadil na východe, v Edene, raj a tam umiestnil človeka, ktorého utvoril.*"

Boh stvoril nebesia a zem Jeho Slovom. Ale človeka sformoval vlastnými rukami. Aj nebeský zástup a anjeli v nebi boli všetci stvorení ako duchovia. Aj keď bolo predurčené, že človek bude nakoniec žiť v nebi, nebol stvorený ako duch. Prečo sa teda Boh podujal na taký zložitý proces stvorenia človeka z prachu zeme? Prečo ho hneď na začiatku nestvoril ako ducha? Tu je ukrytý osobitný Boží plán.

Prečo Boh nestvoril ľudí ako duchov?

Ak by Boh nestvoril človeka z prachu zeme, ale len ako ducha, ľudia by neboli schopní zažiť nič telesné. Ak by boli stvorení len ako duchovia, dodržiavali by Božie slovo a nikdy by neboli jedli zo stromu poznania dobra a zla. Charakter pôdy je možné zmeniť podľa toho, čo do pôdy pridáme. Dôvodom, prečo Adam mohol zhrešiť aj napriek skutočnosti, že bol v duchovnom priestore, bolo to, že bol stvorený z prachu zeme. Ale to neznamená, že bol skazený hneď od začiatku.

Raj Edenu je duchovný priestor, ktorý je naplnený Božou energiou, a tak bolo pre satana nemožné do Adamovho srdca zasadiť akékoľvek telesné atribúty. Ale pretože Adamovi dal Boh slobodnú vôľu, mohol prijať telo, ak mal túžbu a bol ochotný tak urobiť. Hoci bol živý duch, telo mohlo do neho vstúpiť, ak ho vedome prijal. Po uplynutí dlhej doby otvoril svoje srdce satanovmu pokušeniu a prijal telo.

V skutočnosti dôvodom, prečo Boh vôbec dal ľuďom slobodnú vôľu, bola kultivácia ľudstva. Keby Boh Adamovi nedal slobodnú vôľu, Adam by neprijal nič telesné. To tiež znamená, že ku kultivácii ľudstva by nikdy nedošlo. V Božej prozreteľnosti pre ľudstvo sa kultivácia ľudstva musela uskutočniť a v Jeho vševedúcnosti Boh nestvoril Adama ako duchovnú bytosť.

Význam slobodnej vôle a uchovávania v pamäti

Gn 2, 17 hovorí: *„Zo stromu poznania dobra a zla však nejedz! Lebo v deň, keď by si z neho jedol, istotne zomrieš.‟* Ako už bolo vysvetlené, v stvorení Adama so slobodnou vôľou z prachu zeme bola hlboká Božia prozreteľnosť. Bolo to pre kultiváciu ľudstva. Ľudia sa môžu stať pravými Božími deťmi, iba ak prešli procesom kultivácie ľudstva.

Jedným z dôvodov, prečo do Adama vstúpil hriech, bola jeho slobodná vôľa, ale druhým dôvodom bolo to, že si neuchovával Božie slovo v pamäti. Uchovávať Božie slovo znamená vryť si Jeho Slovo do srdca a bezo zmeny ho uplatňovať.

Niektorí ľudia opakovane robia tú istú chybu, zatiaľ čo iní neurobia rovnakú chybu dvakrát. Závisí to od toho, či niečo uchovávame v pamäti alebo nie. Do Adama vstúpil hriech, pretože nevedel, že je dôležité uchovávať si Božie slovo v pamäti. Stav ducha môžeme obnoviť uchovávaním Božieho slova v pamäti a jeho nasledovaním. To je dôvod, prečo je dôležité uchovávať si Božie slovo v pamäti.

Ak ľudia, ktorých duch je kvôli hriechu mŕtvy, príjmu Ježiša Krista a dostanú Ducha Svätého, ich mŕtvy duch bude obnovený. Od tejto chvíle, pretože uchovávajú Božie Slovo v pamäti a uplatňujú ho vo svojom živote, zrodia ducha skrze Ducha. Budú schopní rýchlo dosiahnuť duchovný rast. Preto uchovávanie

Božieho slova v pamäti a jeho nemenné uplatňovanie hrajú veľmi dôležitú úlohu v obnovení ducha.

Účel stvorenia ľudských bytostí

V nebi je mnoho duchovných bytostí, ako napríklad, anjeli, ktorí Boha neustále poslúchajú. Ale okrem niekoľkých, veľmi špecifických prípadov, nemajú ľudskú prirodzenosť. Nemajú slobodnú vôľu, ktorou by sa mohli rozhodnúť, či sa chcú deliť o lásku. To je dôvod, prečo Boh stvoril prvého človeka Adama ako bytosť, s ktorou by sa mohol deliť o Jeho pravú lásku. Na okamih si predstavte radosť Boha, keď tvoril prvého človeka Adama. Sformovaním Adamových úst Boh chcel, aby Ho chválil, sformovaním uší chcel, aby počúval Boží hlas a poslúchal Ho, sformovaním očí chcel, aby videl a vnímal krásu všetkých vecí Ním stvorených a vzdával Bohu slávu. Účelom Božieho stvorenia ľudí je byť nimi chválený a oslavovaný a deliť sa s nimi o lásku. Chcel deti, s ktorými by sa mohol deliť o krásu všetkých vecí vo vesmíre a v nebi. Chcel sa spolu s nimi naveky tešiť zo šťastia.

V knihe Zjavenie vidíme, ako spasené Božie deti naveky chvália a vzdávajú vďaky pred Božím trónom. Keď sa dostanú do neba, bude to také krásne a radostné, že neodolajú a budú vzdávať Bohu chválu a vďaku z hĺbky ich sŕdc, pretože Božia prozreteľnosť je veľmi hlboká a tajomná.

Ľudia boli stvorení ako živí duchovia, ale stali sa telesnými ľuďmi. Ak sa však znova stanú duchovnými ľuďmi potom, čo okúsili všetky druhy radosti, hnevu, lásky a smútku, môžu sa stať pravými Božími deťmi, ktoré z hĺbky sŕdc Boha milujú, vzdávajú Mu vďaky a oslavujú Ho.

Keď Adam žil v raji Edenu, nemohol byť považovaný za pravé Božie dieťa. Boh ho učil len dobro a pravdu, a tak nepoznal hriech a zlo. Nemal tušenia, čo je nešťastie a bolesť. Raj v Edene je duchovný priestor a nie je tam žiaden zánik alebo smrť. Z tohto dôvodu Adam nepoznal význam smrti. Hoci žil v hojnosti a bohatstve, nemohol cítiť pravé šťastie, radosť alebo vďačnosť. Pretože nikdy nezažil žiaden smútok alebo nešťastie, nedokázal cítiť pravú radosť alebo šťastie. Nevedel, čo je nenávisť a nepoznal pravú lásku. Boh nechcel, aby Adam žil večne bez toho, aby zažil pravé šťastie, radosť, vďačnosť a lásku. To je dôvod, prečo umiestnil strom poznania dobra a zla v raji Edenu, a tak Adam mohol nakoniec zažiť telo.

Keď sa tí, ktorí zažili telesný svet, opäť stanú Božími deťmi, potom určite chápu, aký dobrý je duch, a aká vzácna je pravda. Teraz môžu Bohu vzdávať pravú vďaku za to, že im dal dar večného života. Akonáhle pochopíme toto Božie srdce, už nebudeme spochybňovať Boží zámer v umiestnení stromu poznania dobra a zla a utrpenia ľudí ako jeho dôsledok. Ale radšej vzdáme vďaky a chválu Bohu za to, že dal svojho jednorodeného Syna Ježiša za záchranu ľudstva.

Boh chce byť oslavovaný pravými deťmi

Boh kultivuje ľudstvo nielen pre získanie pravých detí, ale aj preto, aby bol nimi oslavovaný. Iz 43, 7 hovorí: *„ všetkých, čo sa mojím menom zvú, a ktorých som na svoju slávu stvoril, vytvoril a urobil.“* 1 Kor 10, 31 hovorí: *„Či teda jete, či pijete, či čokoľvek iné robíte všetko robte na Božiu slávu.“* Boh je Bohom lásky a spravodlivosti. Okrem neba a večného života, ktoré pre nás pripravil, nám dal svojho jednorodeného Syna, aby nás zachránil. Už len kvôli tejto skutočnosti si Boh zaslúži byť oslavovaný. Ale to, čo Boh skutočne chcel, nebola len sláva. Základným dôvodom, prečo Boh chce byť oslavovaný, je to, aby oslavoval ľudí, ktorí Ho chvália. Jn 13, 32 hovorí: *„A keď je Boh oslávený v ňom, aj Boh jeho v sebe oslávi, a čoskoro ho oslávi.“*

Keď je Boh nami oslavovaný, odmeňuje nás pretekajúcim požehnaním na tejto zemi, a tiež nám dá večnú slávu v nebeskom kráľovstve. 1 Kor 15, 41 hovorí: *„Iný je jas slnka, iný jas mesiaca a iný jas hviezd; veď hviezda sa od hviezdy líši jasom.“*

Hovorí o rozdieloch v príbytkoch a sláve v nebeskom kráľovstve každého jedného z nás, ktorí sme spasení. Nebeské príbytky a sláva budú udelené podľa miery, do akej sme odvrhli hriechy, aby sme mali čisté a sväté srdce, a ako verne sme slúžili Božiemu kráľovstvu. Keď už sú raz udelené, nie je možné ich viac meniť.

Boh stvoril ľudí, aby získať pravé deti, ktoré sú duchom.

Pôvodný Boží plán je, aby sa ľudia vlastnou slobodnou vôľou rozhodli odstrániť telo a dušu, ktoré patria nepravde a zmenili sa na duchovných ľudí a ľudí celého ducha. Tento pôvodný zámer Boha stvoriť a kultivovať ľudské bytosti sa naplní prostredníctvom tých ľudí, ktorí sa stanú duchovnými ľuďmi a ľuďmi celého ducha.

Koľko ľudí, podľa vás, dnes vedie životy hodné účelu Božieho stvorenia ľudských bytostí? Ak skutočne chápeme úmysel Boha v stvorení ľudstva, určite by sme obnovili obraz Boha, strateného v dôsledku Adamovho hriechu. Videli by sme, počúvali a hovorili len v pravde, a všetky naše myšlienky a skutky by boli sväté a dokonalé. Toto je spôsob, ako sa stať pravými Božími deťmi, ktoré Bohu spôsobujú väčšiu radosť ako tá, ktorú mal Boh po stvorení prvého človeka Adama. Takéto pravé Božie deti budú mať slávu v nebi, ktorá nemôže byť porovnávaná so slávou, ktorú mal v raji Edenu žijúci duch Adam!

Kapitola 3
Pravá ľudská bytosť

Boh stvoril človeka na svoj obraz.
Najväčším želaním Boha je,
aby sme obnovili stratený Boží obraz a podieľali sa
na božskej prirodzenosti Boha.

- Celá povinnosť ľudí

- Boh chodil s Henochom

- Boží priateľ Abrahám

- Mojžiš miloval svoj ľud viac ako vlastný život

- Apoštol Pavol bol ako Boh

- Nazval ich bohmi

A k dodržiavame Božie slovo, môžeme obnoviť duchovné srdce, ktoré je naplnené poznaním pravdy, rovnako ako srdce, ktoré mal živý duch Adam predtým, než zhrešil. Celou povinnosťou ľudí je obnoviť obraz Boha, ktorý sme v dôsledku Adamovho hriechu stratili a podieľať sa na božskej prirodzenosti Boha. V Biblii môžeme vidieť, že tí, ktorí prijali Božie slovo a hlásali ho, ktorí hovorili o tajomných Božích veciach, a ktorí prejavovali Božiu moc ako dôkaz, že Boh je živý, boli považovaní za takých ušľachtilých, že aj králi sa im klaňali. Je to preto, lebo boli pravými deťmi Boha, ktorý je Najvyšší (Ž 82, 6).

Babylonský kráľ Nabuchodonozor mal raz sen a kvôli nemu začal trpieť úzkosťou. Zavolal si kúzelníkov a Chaldejov, aby mu sen vyložili bez toho, aby im povedal obsah sna. Ľudskou mocou to bolo nemožné, ale nie mocou Boha, ktorý nežije v ľudskom tele.

Daniel, ktorý bol Božím človekom, kráľovi povedal, aby mu na výklad jeho sna dal čas. V nočnom videní Boh ukázal Danielovi tajné veci. Daniel prišiel pred kráľa a vyložill mu sen. Kráľ Nabuchodonozor padol na tvár a vzdal Danielovi úctu a

189

rozkázal, aby mu priniesli obety a kadidlo z vonných látok, a tiež vzdal slávu Bohu.

Celá povinnosť ľudí

Kráľ Šalamún sa tešil väčšej nádhere a bohatstvu, ako ktokoľvek iný. Na základe spojeného kráľovstva, ktoré vybudoval jeho otec Dávid, moc jeho krajiny silnela a vzdávalo mu pocty mnoho susedných krájín. Počas jeho panovania bola ríša na vrchole nádhery (1 Kr 10). Ale v priebehu času zabudol na Božiu milosť. Myslel si, že všetko bolo vykonané iba vďaka jeho moci. Zanedbával Božie slovo a porušil Boží príkaz zakazujúci ženiť sa s pohanskými ženami. Na sklonku jeho dní mal veľa pohanských konkubín. Navyše, na žiadosť pohanských konkubín založil výšiny a spolu s nimi tam uctieval modly.

Boh ho dvakrát varoval, aby nenasledoval žiadnych cudzích bohov, ale Šalamún neposlúchol. Nakoniec, v ďalšej generácii prišiel na nich Boží hnev a Izrael bol rozdelený na dve kráľovstvá. Mohol mať všetko, čo chcel, ale v jeho posledných dňoch povedal: *„Márnosť, len márnosť, všetko je iba márnosť"* (Kaz 1, 2).

Uvedomil si, že všetky veci na tomto svete boli bezvýznamné a dospel k záveru: *„Slovo na záver všetkého, čo si počul: Boha sa boj a jeho prikázania zachovávaj, lebo to je (povinnosť) každého človeka"* (Kaz 12, 13). Povedal, že celou povinnosťou ľudí je báť sa Boha a zachovávať Jeho prikázania.

Čo to znamená? Báť sa Boha znamená nenávidieť zlo (Prís 8, 13). Tí, ktorí milujú Boha, odmietnu zlo a budú dodržiavať Jeho prikázania, a týmto spôsobom splnia celú povinnosť ľudí. Úplnou ľudskou bytosťou môžeme byť nazvaní vtedy, keď dosiahneme úplné srdca Pána, aby sme mohli obnoviť obraz Boha. Teraz sa pozrieme na niekoľko príkladov niektorých patriarchov a ľudí pravej viery, ktorí sa páčili Bohu.

Boh chodil s Henochom

Boh chodil s Henochom tristo rokov a vzal si ho k sebe živého. Mzdou hriechu je smrť a skutočnosť, že Henoch bol do neba vzatý živý, bez toho, aby zomrel, je dôkazom, že Boh ho uznal za bezhriešneho. Vytvoril si srdce čisté a bez úhony, ktoré sa podobalo Božiemu srdcu. To je dôvod, prečo ho satan nemohol z ničoho obviniť, keď bol do neba vzatý živý.

Gn 5, 21-24 zaznamenáva nasledovné: *„Keď mal Henoch šesťdesiatpäť rokov, narodil sa mu Matuzalem. A Henoch chodil s Bohom. Po Matuzalemovom narodení žil ešte tristo rokov a narodili sa mu synovia a dcéry. Všetkých Henochových dní bolo tristošesťdesiatpäť rokov. Henoch chodil s Bohom a nebolo ho, lebo Boh ho vzal."*

„Chodiť s Bohom" znamená, že Boh je s tým človekom po celú dobu. Henoch žil z Božej vôle tristo rokov. Boh bol s ním, kamkoľvek šiel.

Boh je Svetlo, dobrota a láska sama. Ak chceme s takým Bohom chodiť, nesmieme mať v srdci žiadnu temnotu a musíme byť naplnení dobrotou a láskou. Henoch žil v hriešnom svete, ale on zostal čistý. Tiež dal svetu Božie posolstvo. Júd 1, 14 hovorí: *„A prorokoval aj o nich Henoch, siedmy od Adama, keď povedal: Hľa prišiel Pán so svojimi svätými myriadami. "* Ako je napísané, povedal ľuďom o druhom príchode Pána a o poslednom súde.

Biblia nehovorí nič o veľkých Henochových úspechoch, alebo že urobil pre Boha niečo mimoriadne. Ale Boh ho tak veľmi miloval preto, lebo Henoch Ho ctil, žil svätý život a vyhýbal sa všetkému zlu. To je dôvod, prečo ho Boh vzal v „mladom veku". Ľudia v tej dobe žili viac ako deväťsto rokov a on mal tristošesťdesiatpäť rokov, keď bol vzatý. Bol to mladý človek plný života.

Hebr 11, 5 hovorí: *„ Vierou bol Henoch prenesený, aby neuzrel smrť; nenašli ho, lebo Boh ho preniesol. Ešte pred prenesením si získal svedectvo, že sa páči Bohu. "* Dokonca aj dnes Boh chce, aby sme žili svätý a zbožný život, mali čisté a krásne srdce nepoškvrnené týmto svetom, aby s nami mohol po celý čas chodiť.

Boží priateľ Abrahám

Boh chcel, aby ľudstvo skrze Abraháma, „otca viery" vedelo, aké je pravé Božie dieťa. Abrahám bol nazvaný „zdrojom požehnania" a „priateľom Boha". Priateľ je človek, ktorému môžete dôverovať a deliť sa s ním o tajomstvá. Samozrejme, že aj Abrahám musel byť kultivovaný, až kým bol schopný plne dôverovať Bohu. Ako bol Abrahám uznaný za priateľa Boha?

Abrahám poslúchal jednoduchým „áno" a „Amen".

Keď prvýkrát počul Božie volanie, aby opustil rodné mesto, jednoducho poslúchol, aj keď nevedel, kam pôjde. Abrahám vždy konal v prospech druhých a usiloval sa o pokoj. Žil so synovcom Lótom, a keď museli odísť, dal synovcovi právo vybrať si krajinu ako prvý. Ako jeho strýko mal právo vybrať si prvý, ale on uprednostnil Lóta. Abrahám v Gn 13, 9 povedal: „*Či nie je pred tebou celá krajina?! Preto sa, prosím, odlúč odo mňa! Ak ty pôjdeš naľavo, ja pôjdem napravo, ak ty napravo, ja pôjdem naľavo!*"

Pretože Abrahám mal také krásne srdce, Boh mu znova prisľúbil požehnanie. V Gn 13, 15-16 mu Boh sľúbil: „*lebo celú zem, ktorú vidíš, dám tebe a tvojmu potomstvu naveky. Rozmnožím tvoje potomstvo ako prach na zemi. Ak teda niekto dokáže spočítať prach na zemi, bude môcť spočítať aj tvoje potomstvo.*"

Jedného dňa napadlo veľké vojsko niekoľkých spojených kráľov Sodomu a Gomoru, kde žil Abrahámov synovec Lót, vzali ľudí a vojnovú korisť. Abrahám vzal tristoosemnásť vycvičených mužov, narodených v jeho dome, a prenasledoval ich až po Dan. Priviezol späť všetok tovar, a tiež aj jeho príbuzného Lóta s jeho majetkom, ženami a ľudom.

Sodomský kráľ chcel dať Abrahámovi korisť na znak vďaky,

ale Abrahám povedal: „*nevezmem ani nitku či remienok z obuvi, vôbec nič z toho, čo je tvoje, aby si nepovedal: ,Ja som urobil Abrama bohatým!*'" (Gn 14, 23) Prijať niečo od kráľa nebolo nespravodlivé, ale on odmietol kráľovu ponuku, aby dokázal, že všetko jeho hmotné požehnanie pochádza iba od Boha. Hľadal iba Božiu slávu s čistým srdcom bez sebeckých túžob a Boh ho hojne požehnal.

Keď Boh prikázal Abrahámovi obetovať syna Izáka ako zápalnú obetu, ihneď poslúchol, pretože dôveroval Bohu, ktorý môže vzkriesiť mŕtvych. Nakoniec ho Boh ustanovil za otca viery, slovami: „*zahrniem ťa požehnaním a prenáramne rozmnožím tvoje potomstvo. Bude ho ako hviezd na nebi a ako piesku na morskom brehu. Tvoje potomstvo sa zmocní brán svojich nepriateľov a v tvojom potomstve budú požehnané všetky národy zeme preto, že si poslúchol môj hlas*" (Gn 22, 17-18). Boh mu tiež prisľúbil, že Syn Boží, Ježiš, ktorý zachráni ľudstvo, sa narodí z jeho potomkov.

Jn 15, 13 hovorí: „*Nik nemá väčšiu lásku ako ten, kto položí svoj život za svojich priateľov.*" Abrahám bol ochotný obetovať svojho jediného syna Izáka, ktorý mu bol drahší než vlastný život, čím vyjadril lásku k Bohu. Boh použil tohto Abraháma ako príklad kultivácie ľudstva tým, že ho vďaka jeho veľkej viere a láske k Bohu nazval Božím priateľom.

Boh je všemohúci, a preto je pre Neho možné všetko a môže nám dať čokoľvek. Ale On svojim deťom dáva požehnanie a odpovede na modlitby do tej miery, do akej sa prostredníctvom pravdy zmenia v procese kultivácie ľudstva, aby mohli cítiť Božiu lásku s vďačnosťou za Jeho požehnanie.

Mojžiš miloval svoj ľud viac ako vlastný život

Keď bol Mojžiš princom Egypta, zabil Egypťana, aby pomohol svojmu ľudu, a preto musel utiecť z paláca faraóna. Od tej doby žil na púšti, kde bol štyridsať rokov pastierom stáda.

Keď Mojžiš pásol stádo na púšti v krajine Madiana, bol v prostej pozícii a musel sa vzdať všetkej hrdosti a presvedčenia o vlastnej pravde, ktoré mal ako princ Egypta. Boh sa zjavil pred týmto skromným Mojžišom a pridelil mu povinnosť vyviesť synov Izraela z Egypta. Aj keď na splnenie tejto povinnosti Mojžiš riskoval vlastný život, poslúchol a išiel pred faraóna.

Ak vezmeme do úvahy správanie synov Izraela, môžeme vidieť, aké široké srdce mal Mojžiš, keď prijal všetkých týchto ľudí. Keď ľudia mali problémy, reptali proti Mojžišovi, a dokonca sa pokúsili ho ukameňovať.

Keď nemali vodu, sťažovali sa, že sú smädní. Keď mali vodu, sťažovali sa, že nemali jedlo. Keď im Boh dal zhora mannu, sťažovali sa, že nemali mäso. Hovorili, že v Egypte jedli dobré veci, ponižujúc mannu slovami, že je to biedne jedlo.

Keď Boh nakoniec od nich odvrátil svoju tvár, vyšli púštne hady a pohrýzli ich. Ale aj napriek tomu mohli byť zachránení, pretože Boh vypočul úprimnú modlitbu Mojžiša. Ľudia boli svedkami toho, že Boh bol s Mojžišom neustále, ale urobili si zlatú modlu teľaťa a klaňali sa jej, akonáhle sa Mojžiš vzdialil. Tiež boli navedení židovskými ženami na spáchanie cudzoložstva, ktoré bolo zároveň duchovným cudzoložstvom. Mojžiš sa so slzami v očiach modlil k Bohu za ľud. Ponúkol Mu vlastný život ako obetu za ich odpustenie, aj keď si ľud nepamätal milosť, ktorú dostal.

Exodus 32, 31-32 znie:

Tak Mojžiš odišiel opäť k Pánovi a povedal: „Ach, tento ľud sa dopustil veľkej viny, veď si urobil boha zo zlata. A teraz alebo im odpusť ich previnenie, alebo ak nie, vytri ma zo svojej knihy, ktorú si napísal!"

Vymazanie jeho mena z knihy znamená, že by nemohol byť spasený a trpel by vo večnom ohni pekla, čo je večná smrť. Mojžiš o tom veľmi dobre vedel, ale chcel, aby bolo ľuďom odpustené aj za cenu obetovania samého seba.

Čo si myslíte, že Boh cítil, keď videl tohto Mojžiša? Mojžiš chápal srdce Boha, ktoré nenávidí hriech a chce zachrániť hriešnikov, a Boh bol ním potešený a veľmi ho miloval. Boh vypočul túto modlitbu Mojžišovej lásky, a tak synovia Izraela mohli uniknúť zničeniu.

Predstavte si diamant. Je bezchybný a je o veľkosti päste. A teraz si predstavte tisícky kameňov podobnej veľkosti. Ktorý z nich bude cennejší? Bez ohľadu na množstvo kameňov, nikto by ich nevymenil za diamant. Rovnakým spôsobom hodnota Mojžiša, jednej osoby, ktorá splnila účel kultivácie ľudstva, bola vzácnejšia ako milióny ľudí, ktorí ho nesplnili (Ex 32, 10).

Nm 12, 3 opisuje Mojžiša nasledovne: *„Kým Mojžiš bol veľmi tichý muž, (tichší) ako všetci ostatní ľudia na svete."* A v Nm 12, 7 Boh obraňuje Mojžiša: *„No nie tak s mojím služobníkom, Mojžišom! On je v celom mojom dome najvernejší."* Biblia nám na mnohých miestach hovorí, ako veľmi Boh miloval Mojžiša. Ex 33, 11 hovorí: *„Pán sa však rozprával s Mojžišom z tváre do tváre, ako keď sa niekto rozpráva so svojím priateľom."* Aj v Ex 33 vidíme, že Mojžiš požiadal Boha, aby sa mu ukázal a Boh ho vypočul.

Apoštol Pavol bol ako Boh

Apoštol Pavol pracoval pre Pána so všetkým, čo mal, a aj napriek tomu mal srdce zlomené kvôli jeho minulosti, keď prenasledoval Pána. Preto ochotne a s radosťou prijal všetky ťažké skúšky, hovoriac: *„Veď ja som najmenší z apoštolov. Ba nie som hoden volať sa apoštolom, lebo som prenasledoval Božiu cirkev"* (1 Kor 15, 9).

Bol väznený, mnohokrát zbitý, často v nebezpečenstve smrti. Päťkrát dostal tridsaťdeväťkrát bičom od Židov. Trikrát bol bičovaný prútmi, raz bol kameňovaný, trikrát stroskotal, noc a deň strávil v jame. Často cestoval a bol v nebezpečenstve v rieke, v nebezpečenstve lupičov, v nebezpečenstve jeho krajanov, v nebezpečenstve pohanov, v nebezpečenstve mesta, v nebezpečenstve púšte, v nebezpečenstve na mori, v nebezpečenstve medzi falošnými bratmi, ťažko pracoval a trpel, zažil mnoho bezsenných nocí, bol o hlade a smäde, často bez jedla, v zime a nahý.

Jeho utrpenie bolo také veľké, že povedal v 1 Kor 4, 9: *„Zdá sa mi, že nám, apoštolom, Boh pridelil posledné miesto ako odsúdeným na smrť, lebo sme sa stali divadlom pre svet, anjelov i ľudí.“*

Čo je dôvodom, že Boh dovolil, aby apoštol Pavol, ktorý bol taký verný, čelil takému veľkému prenasledovaniu a ťažkostiam? Boh chcel, aby sa Pavol zmenil na človeka s krásnym srdcom, ktoré je také čisté ako krištáľ. Pavol okrem Boha nemal nikoho, na koho by sa mohol spoliehať v ukrutných situáciách, kedy mohol byť každú chvíľu zatknutý alebo zabitý. Pohodlie a radosť našiel v Bohu. Úplne zaprel sám seba a svoje srdce kultivoval na srdce Pána.

Nasledujúce Pavlovo vyznanie je veľmi dojemné, pretože sa prostredníctvom skúšok stal krásnym človekom. Nevyhýbal sa žiadnym problémom, hoci boli pre človeka príliš ťažké. V 2 Kor 11, 28 vyznal svoju lásku k cirkvi a k jej členom: *„A okrem toho na mňa deň čo deň dolieha starosť o všetky cirkvi.“*

V Rim 9, 3 tiež povedal o jeho ľuďoch, ktorí ho chceli zabiť: *„Radšej by som bol ja zavrhnutý od Krista namiesto svojich bratov, mojich príbuzných podľa tela.“* Tu „moji bratia, moji príbuzní" odkazuje na Židov a farizejov, ktorí tak veľmi prenasledovali Pavla a bránili mu.

Sk 23, 12-13 hovoria: *„Keď sa rozodnilo, zbehli sa Židia a zaprisahali sa, že nebudú ani jesť ani piť, kým Pavla nezabijú. Tých, čo sa takto sprisahali, bolo vyše štyridsať."* Pavol nikdy ničím nespôsobil, aby voči nemu prechovávali nejaké zlé city. Pavol im nikdy neklamal ani im neublížil. Ale len preto, že kázal evanjelium a vykonával Božiu moc, vytvorili zhromaždenie s cieľom zabiť ho.

Napriek tomu sa modlil, aby títo ľudia mohli byť spasení, aj keby to znamenalo, že by prišiel o vlastnú spásu. To je dôvod, prečo mu Boh dal takú veľkú moc: dosiahol veľkú dobrotu, s ktorou bol schopný obetovať vlastný život za tých, ktorí sa mu snažili ublížiť. Boh mu dovolil vykonávať výnimočné diela, ako vyháňanie zlých duchov a chorôb prikladaním na chorých vreckoviek alebo záster, ktoré sa ho dotkli.

Nazval ich bohmi

Jn 10, 35 hovorí: *„Nuž ak nazval bohmi tých, ktorým bolo dané Božie slovo – a Písmo nemožno zrušiť!"* Keď prijmeme Božie slovo a dodržiavame ho, stávame sa ľuďmi pravdy, čiže duchovnými ľuďmi. To je spôsob, ako sa podobať Bohu, ktorý je Duch: aby sme sa stali duchovným človekom a človekom celého ducha. A takým istým spôsobom sa môžeme stať bytosťami, ktoré sú ako Boh.

Ex 7, 1 hovorí: „*Pán však povedal Mojžišovi: 'Pozri, dávam ťa faraónovi za božstvo a tvoj brat Áron bude tvojím prorokom.'*" A Ex 4, 16 hovorí: „*On bude namiesto teba hovoriť ľudu; a tak on bude tvojimi ústami, kým ty budeš preň ako Boh.*" Ako je napísané, Boh obdaril Mojžiša takou veľkou mocou, že pred ľuďmi sa Mojžiš zdal byť ako Boh.

V Sk 14 apoštol Pavol nechať v mene Ježiša Krista vstať a chodiť človeka, ktorý bol od narodenia chromý. Ako vstal a vyskočil, ľudia boli takí ohromení, že hovorili: „*Zostúpili k nám bohovia v ľudskej podobe*" (Sk 14, 11). Rovnako ako v tomto príklade, tí, ktorí chodia s Bohom, sa zdajú byť ako Boh, pretože sú duchovnými ľuďmi, aj keď majú fyzické telá.

To je dôvod, prečo je napísané v 2 Pt 1, 4: „*Tým nám daroval vzácne a veľmi veľké prisľúbenia, aby ste sa skrze ne stali účastnými na božskej prirodzenosti a unikli porušeniu, ktoré je vo svete pre žiadostivosť.*"

Musíme si uvedomiť, že je hlbokou túžbou Boha, aby sa ľudia podieľali na božskej prirodzenosti Boha, a preto by sme mali odhodiť pominuteľné telo, ktorému sa teší len moc temnoty, zrodiť ducha skrze Ducha a skutočne sa podieľať na božskej prirodzenosti Boha.

Akonáhle sa dostaneme na úroveň celého ducha, znamená to, že sme úplne obnovili ducha. Úplne obnoviť ducha znamená, že sme obnovili Boží obraz, ktorý bol stratený v dôsledku Adamovho hriechu, a to znamená, že sa podieľame na božskej prirodzenosti Boha.

Akonáhle sa dostaneme na túto úroveň, môžeme získať moc, ktorá patrí Bohu. Božia moc je dar, ktorý je daný tým deťom, ktoré sa podobajú Bohu (Ž 62, 11). Dôkazom, že prijali Božiu moc, sú znamenia a zázraky, mimoriadne diela a obdivuhodné veci, z ktorých všetky sú dielami Ducha Svätého. Ak získame takú moc, môžeme viesť nespočetné duše na cestu života a spasenia. Aj Peter vykonával mnoho úžasných diel mocou Ducha Svätého. Len jedným hlásaním evanjelia bolo spasených viac ako päťtisíc mužov. Božia moc je dôkazom toho, že živý Boh je s touto konkrétnou osobou. Je to tiež istý spôsob, ako v ľuďoch zasadiť vieru.

Ľudia by neuverili, ak by nevideli znamenia a zázraky (Jn 4, 48). Preto Boh prejavuje svoju moc prostredníctvom ľudí celého ducha, ktorí úplne obnovili ducha, a tak ľudia môžu uveriť v živého Boha, Spasiteľa Ježiša Krista, existenciu neba a pekla a v pravdivosť Biblie.

Kapitola 4
Duchovná ríša

Biblia často rozpráva o duchovnej ríši a o tom,
ako ju ľudia zažijú. Miesto, kam pôjdeme po živote na tejto zemi,
je tiež duchovná oblasť.

- Apoštol Pavol poznal tajomstvá duchovnej ríše

- Neobmedzená duchovná ríša opísaná v Biblii

- Nebo a peklo určite existujú

- Život po smrti pre nespasené duše

- Ako sa líši sláva slnka a mesiaca

- Nebo nemožno prirovnávať k raju v Edene

- Nový Jeruzalem je najlepší darček dávaný pravým deťom

Keď ľudia, ktorí obnovili stratený obraz Boha, ukončia svoje pozemské životy, vrátia sa do duchovnej ríše. Duchovná ríša je na rozdiel od tejto fyzickej ríše neobmedzeným priestorom. Jej výška, hĺbka ani šírka sa nedajú zmerať.

Takúto obrovskú duchovnú ríšu môžeme rozdeliť na priestor svetla, ktorý patrí Bohu, a priestor temnoty, kde môžu prebývať zlí duchovia. V priestore svetla je nebeské kráľovstvo, ktoré je pripravené pre Božie deti, ktoré sú vierou spasené. Hebr 11, 1 hovorí: „*Viera je základom toho, v čo dúfame, dôkazom toho, čo nevidíme.*" Ako už bolo povedané, duchovná ríša je svet, ktorý nemožno vidieť. Ale tak, ako nemôže byť hmotne dokázaná prítomnosť vetra vo fyzickom svete, no aj napriek tomu existuje, dúfanie vo viere v niečo, v čo nemôžeme skutočne v tomto fyzickom svete dúfať, prejavené dôkazy jeho existencie, ktoré sa vyskytujú, potvrdzujú jeho existenciu.

Viera je brána, ktorá nás spája s duchovnou ríšou. Je to spôsob, akým sa my, ľudia, žijúci na tomto fyzickom svete, môžeme stretnúť s Bohom, ktorý žije v duchovnej ríši. Vo viere môžeme komunikovať s Bohom, ktorý je duch. Môžeme počuť a pochopiť Božie slovo, ak sú naše duchovné uši otvorené, a s otvorenými duchovnými očami môžeme vidieť duchovnú ríšu, ktorá je fyzickými očami neviditeľná.

S rastom našej viery bude rásť aj naša nádej na nebeské kráľovstvo a hlbšie pochopíme Božie srdce. Keď pochopíme a pocítime Jeho lásku, nebudeme Ho chcieť prestať milovať. Navyše, akonáhle bude naša viera dokonalá, budú sa konať veci duchovnej ríše, ktoré sú na tomto fyzickom svete absolútne nemožné, pretože Boh bude s nami.

Apoštol Pavol poznal tajomstvá duchovnej ríše

V 2 Kor 12, 1 a ďalších veršoch Pavol vysvetľuje skúsenosti z duchovnej ríše: *„Musím sa chváliť, hoci to neosoží, ale prejdem k videniam a zjaveniam Pána."* Je to o jeho skúsenosti z raja v nebeskom kráľovstve v treťom nebi.

V 2 Kor 12, 6 ďalej hovorí: *„ Veď ak sa aj budem chcieť chváliť, nebudem nerozumný lebo budem hovoriť pravdu. Ale zdŕžam sa, aby si niekto nemyslel o mne viac, ako vidí na mne alebo počuje odo mňa."* Apoštol Pavol mal mnoho duchovných skúseností a Božích zjavení, ale nemohol hovoriť o všetkom, čo o duchovnej ríši vedel.

V Jn 3, 12 Ježiš povedal: *„Ak neveríte, keď vám hovorím o pozemských veciach; akože uveríte, keď vám budem rozprávať o nebeských?"* Ježišovi učeníci neverili Ježišovi úplne ani potom, čo na vlastné oči videli toľko mocných diel. Pravú vieru mali až vtedy, keď sa stali svedkami zmŕtvychvstania Pána. Potom zasvätili svoje životy Božiemu kráľovstvu a šíreniu evanjelia. Aj apoštol Pavol veľmi dobre poznal duchovnú ríšu a svoju povinnosť úplne splnil celým svojím životom.

Existuje spôsob, akým aj my môžeme cítiť a chápať tajomnú duchovnú ríšu ako Pavol? Samozrejme, že existuje. Po prvé, mali by sme túžiť po duchovnej ríši. Mať úprimnú túžbu po duchovnej ríši dokazuje, že uznávame a milujeme Boha, ktorý je duch.

Neobmedzená duchovná ríša opísaná v Biblii

V Biblii nájdeme mnoho záznamov o duchovnej ríši a o duchovných skúsenostiach. Adam bol stvorený ako živá bytosť, čiže živý duch, a mohol komunikovať s Bohom. Dokonca aj po ňom existovalo veľa prorokov, ktorí komunikovali s Bohom a niekedy priamo počuli Boží hlas (Gn 5, 22; 9, 9-13; Ex 20, 1-17; Nm 12, 8). Niekedy ľuďom doručili Božiu správu anjeli. Sú tiež záznamy o štyroch živých stvoreniach (Ez 1, 4-14), cherubínoch (2 Sam 6, 2; Ez 10, 1-6), ohnivých koňoch a vozoch (2 Kr 2, 11; 6, 17), ktoré patria do duchovnej ríše.

Červené more sa rozdelilo na polovicu. Prostredníctvom Božieho človeka Mojžiša vytryskla zo skaly voda. Slnko a mesiac sa zastavili a zostali stáť prostredníctvom Jozuovej modlitby. Eliáš sa modlil k Bohu a privolal oheň z neba. Keď Eliáš splnil všetky svoje povinnosti na tejto zemi, bol vo víchrici vzatý do neba. To je niekoľko príkladov prípadov zjavenia duchovnej ríše v tomto fyzickom priestore.

Okrem toho, v 2 Kr 6, keď aramejská armáda prišla zajať Elizea, duchovné oči Elizeovho sluhu Géziho sa otvorili a bol svedkom zástupu ohnivých koní a vozov, ktoré obklopovali Elizea, aby ho chránili. Daniel bol hodený do levovej jamy ako výsledok spiknutia jeho kolegov ministrov, ale vôbec nič sa mu nestalo, pretože Boh poslal svojho anjela, aby zatvoril levie tlamy. Danielovi traja priatelia neuposlúchli kráľa, aby si udržali vieru a boli hodení do ohnivej pece, ktorá bola sedemkrát horúcejšia ako zvyčajne. Ale nespálil sa im ani jediný vlas.

Boží Syn Ježiš vzal na seba ľudské telo, keď prišiel na túto zem, ale vykonával skutky neobmedzenej duchovnej ríše, pretože nebol viazaný obmedzeniami fyzického priestoru. Kriesil mŕtvych, uzdravoval rôzne choroby a kráčal po vode. Navyše, po Jeho vzkriesení sa náhle zjavil pred dvoma učeníkmi, ktorí boli na ceste do Emauz (Lk 24, 13-16), prechádzal stenami domu a zjavil sa učeníkom, ktorí sa obávali Židov, a preto sa v dome zamkli (Jn 20, 19).

To je v skutočnosti teleport, ktorý presahuje fyzický priestor. To nám hovorí, že duchovná ríša presahuje časové a priestorové obmedzenia. Existuje duchovný priestor, ktorý je iný ako fyzický priestor našimi očami viditeľný, a On prechádzal týmto duchovným priestorom, aby sa zjavil na mieste a v čase Jeho výberu.

Tie Božie deti, ktorí získali nebo, musia túžiť po duchovných veciach. Boh dovoľuje ľuďom, ktorí majú túto túžbu, zažiť duchovnú ríšu, ako je napísané v Jer 29, 13: *„Budete ma hľadať* *a nájdete ma; ak ma budete hľadať celým svojím srdcom.* "

Môžeme sa stať duchom a Boh môže otvoriť naše duchovné oči, keď pri tejto túžbe odstránime presvedčenie o vlastnej pravde, vlastné názory a sebecké duševné systémy.

Apoštol Ján bol jedným z dvanástich Ježišových učeníkov (Zjv 1, 1, 9). V roku 95 n.l. bol zatknutý rímskym cisárom Domitianom a vhodený do hrnca s vriacim olejom. Ale nezomrel a bol vyhostený na ostrov Patmos v Egejskom mori. Tam zaznamenal knihu Zjavenie. Aby Ján mohol prijať hlboké zjavenie, musel byť na to spôsobilý. To znamená, že musel byť svätý, bez akejkoľvek formy zla a musel mať srdce Pána. Hlboké tajomstvo a zjavenia o nebi mohol zapísať inšpiráciou Duchom Svätým skrze vrúcne modlitby, pretože ich ponúkal s dokonale čistým a svätým srdcom.

Nebo a peklo určite existujú

V duchovnej ríši je nebo a peklo. Čoskoro na to, ako som otvoril Manminskú cirkev, mi raz počas modlitby Boh ukázal nebo a peklo. Krásu a šťastie v nebi nie je možné vyjadriť žiadnymi slovami.

Tí, ktorí v novozákonných časoch príjmu Ježiša Krista za svojho osobného Spasiteľa, získajú odpustenie hriechov a spasenie. Keď sa ich pozemský život skončí, najprv pôjdu do horného podsvetia. Tam zostávajú po dobu troch dní, aby sa mohli prispôsobiť duchovnej ríši, a potom sa presunú do čakárne v raji v nebeskom kráľovstve. Otec viery Abrahám mal až do zostupu Pána na starosti horné podsvetie, a to je dôvod, prečo v Biblii nachádzame, že bedár Lazár bol „v lone Abraháma".

Po poslednom výdychu na kríži Ježiš kázal evanjelium dušiam v hornom podsvetí (1 Pt 3, 19). Potom, čo Ježiš kázal evanjelium v hornom podsvetí, bol vzkriesený a priviedol všetky duše do raja. Od tej doby spasené duše zostávajú v čakárni na nebo, ktorá sa nachádza na okraji raja. Po rozsudku veľkého bieleho trónu pôjdu do svojich nebeských príbytkov podľa miery viery každého z nich a budú tam žiť naveky.

Na súde veľkého bieleho trónu, ktorý sa bude konať po ukončení kultivácie ľudstva, bude Boh súdiť každý skutok, či už je dobrý alebo zlý, každého človeka narodeného od doby stvorenia. Dôvodom pomenovania „súd veľkého bieleho trónu" je jasnosť a nádhera Božieho trónu, ktorý sa zdá byť úplne biely (Zjv 20, 11).

Tento veľký rozsudok sa bude konať po druhom Pánovom príchode do vzduchu a na Zem a po ukončení tisícročného kraľovania. Pre spasené duše to bude rozsudok odmien a pre nespasené duše to bude rozsudok trestu.

Život po smrti pre nespasené duše

Tí, ktorí neprijali Pána a tí, ktorí vyznávali vieru v Neho, ale neboli spasení, budú po ich smrti odvedení dvoma poslami pekla. Tri dni zostanú na mieste pripomínajúcom veľkú jamu, aby sa pripravili na život v dolnom podsvetí. Bude ich čakať iba obrovská bolesť. Po troch dňoch budú presunutí do dolného podsvetia, kde dostanú tresty podľa ich hriechov. Dolné podsvetie, ktoré patrí do pekla, je rovnako obrovské ako nebo a pre nespasené duše je tam veľa rôznych miest.

Pred rozsudkom veľkého bieleho trónu duše zostávajú v dolnom podsvetí, kde čelia rôznym druhom trestov. Medzi tieto tresty patrí, napríklad, trhanie častí tela hmyzom alebo zvieratami, alebo mučenie poslami pekla. Po rozsudku veľkého bieleho trónu pôjdu buď do ohnivého jazera, alebo do jazera síry (tiež známeho ako jazero horiacej síry) a budú tam naveky trpieť (Zjv 21, 8).

Trest v ohnivom jazere alebo v jazere síry je neporovnateľne bolestivejší ako mučenie v dolnom podsvetí. Pekelný oheň je nepredstaviteľne horúci. Jazero síry je sedemkrát horúcejšie ako ohnivé jazero. Je to pripravené pre tých ľudí, ktorí sa dopustili neodpustiteľných hriechov, ako napríklad, rúhanie sa a bránenie Duchu Svätému.

Boh mi raz ukázal ohnivé jazero a jazero síry. Obidva sú nekonečne veľké a plné niečoho, čo pripomína paru vystupujúcu z horúcich prameňov, a ľudí nie je jasne vidieť. Niektorých bolo vidieť do pol pása a iní boli v jazere ponorení až po krk.

V ohnivom jazere sa zvíjali a kričali, ale v jazere síry bola bolesť taká veľká, že sa nedokázali ani pohnúť. Musíme veriť, že tento neviditeľný svet určite existuje a žiť podľa Božieho slova, aby sme určite získali spasenie.

Ako sa líši sláva slnka a mesiaca

Na opísanie nášho tela po vzkriesení apoštol Pavol povedal: *„Iný je jas slnka, iný jas mesiaca a iný jas hviezd; veď hviezda sa od hviezdy líši jasom“* (1 Kor 15, 41).

Sláva slnka odkazuje na slávu dávanú tým ľuďom, ktorí sa úplne zbavili všetkých hriechov, stali sa svätými a na tejto zemi boli verní v celom Božom dome. Sláva mesiaca odkazuje na slávu dávanú ľuďom, ktorí nedosiahli úroveň slávy slnka. Sláva hviezd je venovaná tým, ktorí dosiahli ešte menej než slávu mesiaca. Tak, ako sa sláva jednej hviezdy líši od slávy druhej hviezdy, všetci dostanú rôznu slávu a odmeny, aj keď každý z nich dosiahne rovnakú úroveň nebeského príbytku.

Biblia nám hovorí, že v nebi dostaneme rôznu slávu. Nebeské príbytky a odmeny sa budú líšiť v závislosti na miere, do akej sme odvrhli hriechy a máme duchovnú vieru, a do akej miery sme boli verní Božiemu kráľovstvu.

Nebeské kráľovstvo má mnoho príbytkov, ktoré sú udeľované podľa miery viery každého človeka. Raj je venovaný tým, ktorí majú najmenšiu mieru viery. Prvé nebeské kráľovstvo je vyššou úrovňou ako je raj, druhé nebeské kráľovstvo je lepšie ako prvé a tretie nebeské kráľovstvo je lepšie ako druhé. V treťom nebeskom kráľovstve sa nachádza mesto Nový Jeruzalem, kde je Boží trón.

Nebo nemožno prirovnávať k raju v Edene

Raj Edenu je takým krásnym a pokojným miestom, že najkrajšie miesto na Zemi sa s ním nedá porovnať. Ale raj Edenu nemôže byť prirovnávaný k nebeskému kráľovstvu. Šťastie v raji Edenu a šťastie v nebeskom kráľovstve sú úplne iné, pretože raj Edenu sa nachádza v druhom nebi a nebeské kráľovstvo v treťom nebi. Je to aj preto, že tí, ktorí žijú v raji Edenu, nie sú pravými deťmi, ktoré prešli procesom kultivácie ľudstva.

Predpokladajme, že pozemský život je život v tme bez svetiel, život v raji Edenu je život s lampou a život v nebi je život s jasnými, elektrickými svetlami. Predtým, ako bola vynájdená elektrická žiarovka, ľudia používali lampy, ktoré boli dosť slabé. Ale aj napriek tomu boli vzácne. Keď ľudia prvýkrát zbadali elektrické svetlo, boli ohromení.

Ako už bolo spomenuté, rôzne nebeské príbytky budú udeľované ľuďom podľa miery ich viery a duchovného srdca, ktoré dosiahli počas pozemského života. Všetky nebeské príbytky sa navzájom výrazne odlišujú v sláve a šťastí. Ak prekročíme úroveň svätosti vo vernosti v celom Božom dome a staneme sa úplným duchovným človekom, pôjdeme do Nového Jeruzalema, kde je Boží trón.

Nový Jeruzalem je najlepší darček dávaný pravým deťom

Ako povedal Ježiš v Jn 14, 2: „*V dome môjho Otca je mnoho príbytkov.*" V nebi je skutočne mnoho príbytkov. Je tam Nový Jeruzalem, kde sídli Boží trón, a tiež je tam raj, ktorý je miestom pre tých, ktorí získali hanebné spasenie.

Nový Jeruzalem, ktorý sa tiež nazýva „Mesto slávy", je najkrajším miestom spomedzi všetkých nebeských príbytkov. Boh chce, aby všetci ľudia nielen získali spasenie, ale tiež vstúpili do tohto mesta (1 Tim 2, 4).

Poľnohospodár nemôže v úrode získať len najkvalitnejšiu pšenicu. A podobne, nie každý, kto prejde kultiváciou ľudstva, sa stane pravým Božím dieťaťom, ktoré je celým duchom. Takže pre tých, ktorí nebudú môcť vstúpiť do Nového Jeruzalema, Boh pripravil mnoho príbytkov od raja, cez prvé, druhé až po tretie nebeské kráľovstvo.

Raj a Nový Jeruzalem sa navzájom veľmi odlišujú, podobne ako malá chatrč a kráľovský palác. Rovnako ako rodičia chcú svojim deťom dať len to najlepšie, aj Boh chce, aby sme sa stali Jeho pravými deťmi a zdieľali všetky veci s Ním v Novom Jeruzaleme.

Božia láska nie je obmedzená na určitú skupinu ľudí. Je dávaná všetkým, ktorí prijímajú Ježiša Krista. Ale dávané nebeské príbytky, odmeny a miera Božej lásky sa budú odlišovať v závislosti od miery svätosti a vernosti každého človeka.

Tí, ktorí pôjdu do raja, prvého alebo druhého nebeského kráľovstva, neodhodili telo úplne, a teda nie sú pravými Božími deťmi. Rovnako ako malé deti nedokážu pochopiť o rodičoch všetko, je pre nich ťažké pochopiť Božie srdce. Preto je to tiež Božia láska a spravodlivosť, ktorými pripravil rôzne príbytky podľa miery viery každého človeka. Rovnako ako je veľmi príjemné tráviť čas s kamarátmi rovnakej vekovej skupiny, pre nebeských príslušníkov je pohodlnejšie a príjemnejšie zhromažďovať sa s tými, ktorí majú podobnú úroveň viery.

Nový Jeruzalem je tiež dôkaz, že prostredníctvom kultivácie ľudstva Boh získal dokonalé ovocie. Dvanásť základných kameňov mesta dokazuje, že srdcia Božích detí, ktoré vstúpia do mesta, sú také krásne ako tieto drahé kamene. Perlová brána dokazuje, že tie deti, ktoré prejdú týmito bránami, dosiahli vytrvalosť, rovnako ako perlorodka vytvára perly práve vytrvalosťou.

Keď prejdú perlovými bránami, budú im pripomenuté chvíle ich trpezlivosti a vytrvalosti, na základe ktorých dosiahli nebo. Pri kráčaní po zlatých cestách si spomenú na cesty viery, ktorými kráčali na tejto zemi. Veľkosť a výzdoba domov daných každému človeku im pripomenie, ako veľmi milovali Boha a ako Mu svojou vierou vzdávali slávu.

Tí, ktorí môžu vstúpiť do Nového Jeruzalema, uvidia Boha

tvárou v tvár, pretože si vypestovali srdce také čisté a krásne ako krištáľ a stali sa pravými Božími deťmi. Tiež im bude slúžiť nespočetné množstvo anjelov a budú žiť vo večnom šťastí a radosti. Toto miesto je také radostné a sväté, že si to ľudskou predstavivosťou nedokážeme predstaviť.

Tak ako na zemi existujú rôzne druhy kníh, aj v nebi sú rôzne druhy kníh. Je tam kniha života, v ktorej sú zapísané mená tých, ktorí sú spasení. Je tam tiež kniha spomienok, ktorá zaznamenáva veci, ktoré sa budú pamätať naveky. Je zlatej farby a na obale má ušľachtilé a kráľovské vzory, takže je hneď zjavné, že je to veľmi vzácna kniha. Zaznamenáva podrobne všetko, čo daný človek urobil, aký druh skutku a v akej situácii, a dôležité udalosti sú zaznamenané aj digitálne.

Zaznamenáva udalosti, ako napríklad, Abraháma ponúkajúceho syna Izáka ako zápalnú obetu, Eliášovo zvrhnutie ohňa z neba; Danielovo ochránenie v levovej jame a ochránenie Danielových troch priateľov v ohnivej peci, keď vzdávali Bohu slávu. Boh si vyberie určitý, vzácny deň, kedy otvorí časť knihy a prečíta obsah ľuďom. Božie deti Ho budú plne šťastia počúvať a chválami Mu vzdajú slávu.

V Novom Jeruzaleme sa bude neustále konať mnoho hostín, vrátane hostín organizovaných Bohom Otcom. Budú tam hostiny organizované Pánom, Duchom Svätým, a tiež takými prorokmi ako Eliáš, Henoch, Abrahám, Mojžiš a apoštol Pavol. Ostatní veriaci môžu tiež pozvať ďalších bratov na zorganizovanie hostiny. Hostiny sú vyvrcholením radosti nebeského života. Je to miesto na vychutnanie si hojnosti, slobody, krásy a slávy neba jediným pohľadom.

Dokonca aj na tejto zemi sa ľudia krásne ozdobujú a na veľkých hostinách sa tešia z jedla a pitia. Je to rovnaké v nebi. Na nebeských hostinách anjeli spievajú, tancujú a hrajú. Aj Božie deti môžu spievať a tancovať. Miesto je plné krásneho tanca a spevu a šťastného smiechu. Môžu viesť radostné rozhovory s bratmi vo viere sediac za okrúhlym stolom alebo môžu pozdraviť patriarchu viery, s ktorým sa dlho túžili stretnúť. Ak sú pozvaní na hostinu organizovanú Pánom, veriaci sa ozdobia ako najkrajšie nevesty Pána. Pán je náš duchovný ženích. Keď nevesty Pána prídu k prednej časti Pánovho hradu, po oboch stranách nádhernej brány so zlatými svetlami ich pokorne privítajú dvaja anjeli.

Steny zámku sú ozdobené rôznymi drahými kameňmi. Horné časti stien sú ozdobené krásnymi kvetmi a tieto kvety vydajú jemnú vôňu pre nevesty Pána, ktoré tam práve prišli. Cestou do hradu môžu počuť zvuk hudby, ktorá sa dotkne aj tej najhlbšej časti ich ducha. Pri počúvaní chvál pociťujú šťastie a pohodu a sú hlboko dotknutí vďakou, premýšľajúc nad láskou Boha, ktorý ich doviedol na toto miesto.

Keď kráčajú po zlatej ceste smerom k hlavnej budove Pánovho hradu vedení anjelmi, ich srdcia sú naplnené vzrušením. Keď sa približujú k hlavnej budove, môžu vidieť Pána, ktorý im vyšiel v ústrety. Ich oči sa ihneď naplnia slzami a pobežia smerom k

Pánovi, pretože sa s Ním budú chcieť čo najskôr stretnúť.

Pán ich jeden po druhom objíme s tvárou plnou lásky a súcitu. Privíta ich slovami: „Poďte! Moje krásne nevesty! Vitajte!" Veriaci, ktorí sú takto srdečne Pánom privítaní, Mu celým srdcom vzdajú vďaky, hovoriac: „Ďakujem Ti z celého srdca za pozvanie!" Tak, ako sa zaľúbenci vrúcne delia o lásku, aj títo ľudia kráčajú ruka v ruke s Pánom, pozorovaním okolia a rozhovormi s Ním, po ktorom tak veľmi túžili na tejto zemi.

Život v Novom Jeruzaleme, život s Trojjediným Bohom, je plný lásky, radosti, šťastia a spokojnosti. Pána môžeme vidieť tvárou v tvár, byť v Jeho náručí, cestovať s Ním a tešiť sa s Ním mnohým veciam! Aký je to šťastný život! Ak chceme takéto šťastie, musíme sa stať svätými a dosiahnuť ducha, a taktiež aj celého ducha, ktorý sa úplne podobá srdcu Pána.

S touto nádejou preto rýchlo dosiahnime celého ducha, získajme požehnanie, aby sa nám vo všetkom darilo a boli sme zdraví, keď naša duša prosperuje, a neskôr sa dostali čo najbližšie k Božiemu trónu v slávnom Novom Jeruzaleme.

Autor:
Dr. Jaerock Lee

Dr Jaerock Lee sa narodil v roku 1943 v Muane v Jeonnamskej provincii v Kórejskej republike. V jeho dvadsiatich rokoch sedem rokov trpel mnohými nevyliečiteľnými chorobami a bez nádeje na uzdravenie čakal na smrť. Jedného dňa, na jar v roku 1974, ho sestra zobrala do kostola, a keď pokľakol k modlitbe, živý Boh ho ihneď uzdravil zo všetkých chorôb. Odkedy Dr Lee stretol živého Boha prostredníctvom tejto úžasnej skúsenosti, celým svojím srdcom Ho úprimne miluje. V roku 1978 bol povolaný, aby sa stal Božím služobníkom. Vrúcne sa modlil, aby mohol jasne pochopiť Božiu vôľu, úplne ju splniť a dodržiavať celé Božie slovo. V roku 1982 založil Manminskú centrálnu cirkev v Soule v Kórei. V jeho cirkvi sa uskutočňuje nespočetné množstvo Božích skutkov, vrátane zázračných uzdravení a znamení.

V roku 1986 bol Dr Lee vysvätený za pastora na výročnom zhromaždení Ježišovej Sungkyulskej cirkvi v Kórei a o štyri roky neskôr, v roku 1990, začali vysielať jeho kázne v Austrálii, v Rusku, na Filipínach a v mnohých ďalších krajinách prostredníctvom rozhlasových staníc Far East Broadcasting Company, Asia Broadcast Station a Washington Christian Radio System.

O tri roky neskôr v roku 1993 bola Manminská centrálna cirkev vybraná kresťanským časopisom *Christian World* (USA) za jednu z „50 najlepších svetových cirkví" a z univerzity *Christian Faith College* na Floride v USA dostal Dr. Lee čestný doktorát v Bohosloví. V roku 1996 na teologickom seminári *Kingsway Theological Seminary in Iowa* v USA získal doktorát v Službe.

Od roku 1993 má Dr Lee vedúce postavenie vo svetovej missi prostredníctvom mnohých zahraničných výprav do Tanzánie, Argentíny, Baltimore City, Los Angeles, na Hawaj, do New Yorku v USA, Ugandy, Japonska, Pakistanu, Kene, na Filipíny, Honduras, do Indie, Ruska, Nemecka, Peru, Demokratickej republiky Kongo, Izraela a do Estónska.

V roku 2002 bol hlavnými kresťanskými novinami *Christian newspapers* v Kórei nazvaný „celosvetovým pastorom" kvôli jeho práci na rôznych zámorských výpravách. Zvlášť jeho výprava do New Yorku v roku 2006, ktorá sa konala na námestí Madison Square Garden, najväčšej svetoznámej aréne, bola vysielaná 220 národom, a jeho výprava do Izraela v roku 2009, ktorá sa konala v Medzinárodnom kongresovom centre v Jeruzaleme, na ktorých smelo vyhlásil, že Ježiš Kristus je Mesiáš a Spasiteľ. Jeho kázeň je vysielaná v 176 krajinách pomocou satelitov, vrátane GCN TV. Bol vyhlásený za jedného z desiatich najvplyvnejších kresťanských vodcov roku 2009 a 2010 v populárnom ruskom kresťanskom časopise *In Victory* a novou agentúrou *Christian Telegraf* pre jeho presvedčujúce televízne vysielanie kresťanskej omše a zahraničnej cirkevnej služby.

Od Máji 2015 má Manminská centrálna cirkev kongregáciu s viac ako 120 000 členmi. Bolo založených 10 000 filiálok po celom svete, vrátane 56 domácich filiálok, a zatiaľ viac ako 103 misionárov bolo poslaných do 23 krajín, vrátane Spojených štátov, Ruska, Nemecka, Kanady, Japonska, Číny, Francúzska, Indie, Kene a mnohých ďalších krajín.

K dátumu tohto uverejnenia Dr Lee napísal 99 kníh, vrátane bestsellerov *Ochutnať Večný Život pred Smrťou, Môj Život Moja Viera I & II, Posolstvo Kríža, Miera Viery, Nebo I & II, Peklo* a *Božia Moc*. Jeho diela sú preložené do viac ako 76 jazykov.

Jeho kresťanský stĺpec je vydávaný v časopisoch *The Hankook Ilbo, The JoongAng Daily, The Chosun Ilbo, The Dong-A Ilbo, The Munhwa Ilbo, The Seoul Shinmun, The Kyunghyang Shinmun, The Hankyoreh Shinmun, The Korea Economic Daily, The Korea Herald, The Shisa News* a *The Christian Press*.

Dr Lee je v súčasnej dobe vedúcou osobnosťou mnohých misijných organizácií a združení: Chairman, The United Holiness Church of Jesus Christ; President, Manmin World Mission; Permanent President, The World Christianity Revival Mission Association; Founder & Board Chairman, Global Christian Network (GCN); Founder & Board Chairman, World Christian Doctors Network (WCDN); a Founder & Board Chairman, Manmin International Seminary (MIS).

Nebo I & II

Podrobný nákres nádherného životného prostredia, z ktorého sa tešia nebeskí príslušníci a krásny popis rôznych úrovní nebeského kráľovstva.

Posolstvo Kríža

Úžasné posolstvo prebudenia pre všetkých ľudí, ktorí sú duchovne spiaci! V tejto knihe nájdete dôvod, prečo je Ježiš jediný Spasiteľ a naozajstnú lásku Boha.

Peklo

Úprimné posolstvo Boha celému ľudstvu, ktorý chce, aby ani jedna duša nepadla do hlbín pekla! Objavíte nikdy predtým neodhalený opis krutej reality Dolného podsvetia a pekla.

Môj Život Moja Viera I & II

Najvoňavejšia duchovná vôňa získaná zo života, ktorý kvitol s neporovnateľnou láskou k Bohu, uprostred temných vĺn, studeného jarma a najhlbšieho zúfalstva.

Miera Viery

Čo je to za príbytok, vence a odmeny, ktoré sú pre vás pripravené v nebi? Táto kniha poskytuje múdre pokyny pre vás o tom, ako merať vieru a dosiahnuť tú najlepšiu a najzrelšiu vieru.